Καθημερινό | χωρίς λάδια και χωρίς λιπαρά

Ανακαλύψτε 100 γευστικές και υγιεινές συνταγές για μαγείρεμα χωρίς λάδι ή λίπος, ιδανικές για την καθημερινή σας μαγειρική και έναν πιο υγιεινό τρόπο ζωής: Από το πρωινό έως το δείπνο, εξερευνήστε νόστιμα και θρεπτικά γεύματα που θα κάνουν τους γευστικούς σας κάλυκες να τραγουδήσουν και το σώμα σας να σας ευχαριστήσει.

Βικτόρια Λάζαρη

Πνευματικά δικαιώματα ©2023

Αποποίηση ευθυνών
Οι πληροφορίες που περιέχονται σε αυτό το Βιβλίο προορίζονται να χρησιμεύσουν ως μια περιεκτική συλλογή στρατηγικών για τις οποίες ο συγγραφέας αυτού του Βιβλίου έχει κάνει έρευνα. Οι περιλήψεις, οι στρατηγικές, οι συμβουλές και τα κόλπα συνιστώνται μόνο από τον συγγραφέα και η ανάγνωση αυτού του Βιβλίου δεν εγγυάται ότι τα αποτελέσματα θα αντικατοπτρίζουν ακριβώς τα αποτελέσματα του συγγραφέα. Ο συγγραφέας του Βιβλίου έχει καταβάλει όλες τις εύλογες προσπάθειες για να παρέχει επίκαιρες και ακριβείς πληροφορίες στους αναγνώστες του Βιβλίου. Ο συγγραφέας και οι συνεργάτες του δεν θα θεωρηθούν υπεύθυνοι για τυχόν ακούσιο λάθος ή παραλείψεις που ενδέχεται να εντοπιστούν. Το υλικό του Βιβλίου μπορεί να περιλαμβάνει πληροφορίες από τρίτους. Το υλικό τρίτων περιλαμβάνει απόψεις που εκφράζονται από τους ιδιοκτήτες τους. Ως εκ τούτου, ο συγγραφέας του Βιβλίου δεν αναλαμβάνει καμία ευθύνη ή ευθύνη για οποιοδήποτε υλικό ή απόψεις τρίτων. Είτε λόγω της προόδου του Διαδικτύου είτε λόγω των απρόβλεπτων αλλαγών στην πολιτική της εταιρείας και τις κατευθυντήριες γραμμές υποβολής σύνταξης, ό,τι αναφέρεται ως γεγονός τη στιγμή της συγγραφής αυτής μπορεί να καταστεί παρωχημένο ή ανεφάρμοστο αργότερα.
Το βιβλίο είναι πνευματική ιδιοκτησία © 2023 με την επιφύλαξη παντός δικαιώματος. Είναι παράνομη η αναδιανομή, η αντιγραφή ή η δημιουργία παράγωγου έργου από αυτό το Βιβλίο εν όλω ή εν μέρει. Κανένα τμήμα αυτής της έκθεσης δεν επιτρέπεται να αναπαραχθεί ή να αναμεταδοθεί σε οποιαδήποτε αναπαραγωγή ή αναμετάδοση σε οποιαδήποτε μορφή χωρίς τη γραπτή ρητή και υπογεγραμμένη άδεια από τον συγγραφέα.

ΠΙΝΑΚΑΣ ΠΕΡΙΕΧΟΜΕΝΩΝ

ΠΙΝΑΚΑΣ ΠΕΡΙΕΧΟΜΕΝΩΝ	**4**
ΕΙΣΑΓΩΓΗ	**8**
ΠΡΩΙΝΟ	**9**
1. Ψητές πατάτες πρωινού	10
2. Μαγειρική εστία Granola βρώμης και βερίκοκου	12

3. Μαγειρική εστία Βράζετε με γαρνιτούρες
14ΕΙΣΑΓΩΓΗ

Οι δίαιτες χωρίς λάδι και χωρίς λιπαρά είναι ακριβώς όπως ακούγονται: μια δίαιτα που δεν περιλαμβάνει λάδι ή λίπος σε καμία μορφή. Κάποιος που ακολουθεί δίαιτα χωρίς λάδι και λιπαρά δεν θα χρησιμοποιούσε υγρό λάδι, προϊόντα μαργαρίνης/βούτυρο ή οποιαδήποτε τροφή που περιέχει αυτά τα συστατικά. Ακολουθούν ορισμένα οφέλη μιας δίαιτας χωρίς λάδι και χωρίς λιπαρά:

a) Μειώνει το λίπος, το αλάτι και τις θερμίδες
b) Προωθεί την απώλεια βάρους
c) Μπορεί να παρέχει απαραίτητες βιταμίνες και θρεπτικά συστατικά
d) Μπορείτε να αποφύγετε τα εξαιρετικά επεξεργασμένα έλαια
e) Τα τρόφιμα χωρίς λάδι μπορούν να έχουν καλύτερη γεύση
f) Μπορεί να βελτιώσει την ψυχική σας υγεία

ΠΡΩΙΝΟ ΓΕΥΜΑ

1. Ψητές πατάτες πρωινού

Κάνει: 4-6 μερίδες

ΣΥΣΤΑΤΙΚΑ:
- 1 κουταλάκι του γλυκού σκόνη σκόρδου
- 5 φλιτζάνια ψιλοκομμένες κόκκινες ή χρυσές πατάτες Yukon
- 1 κίτρινο κρεμμύδι, κομμένο σε κύβους
- 2 κουταλάκια του γλυκού ψιλοκομμένο σκόρδο
- 1 κουταλάκι του γλυκού θαλασσινό αλάτι
- ¾ κουταλάκι του γλυκού καρύκευμα παλιάς δάφνης
- 1 κουταλάκι του γλυκού πάπρικα
- 1 κόκκινη πιπεριά, ψιλοκομμένη
- Ρίξε μαύρο πιπέρι

ΟΔΗΓΙΕΣ:
a) Προθερμαίνουμε το φούρνο στους 400 βαθμούς Φαρενάιτ.
b) Προσθέστε τις πατάτες, το κρεμμύδι και την κόκκινη πιπεριά σε ένα μεγάλο μπολ.
c) Περιχύνουμε με το σκόρδο.

d) Προσθέστε τα μπαχαρικά, το αλάτι και το μαύρο πιπέρι και ανακατέψτε μέχρι να ενσωματωθούν καλά.

e) Προσθέστε σε ένα ταψί ή σε μαντεμένιο τηγάνι και ψήστε για 45 λεπτά.

f) Σερβίρετε με σαλάτα ή οποιοδήποτε άλλο brunch!

2. Εστίες Granola βρώμης και βερίκοκου

Κάνει: 10 μερίδες

ΣΥΣΤΑΤΙΚΑ:
- 1/2 φλιτζάνι ανάμεικτα μούρα
- 1/2 φλιτζάνι αποξηραμένα βερίκοκα
- 3 φλιτζάνια ωμά αμύγδαλα, μουλιασμένα (προαιρετικά)
- 2 φλιτζάνια τυλιγμένη βρώμη
- 4 πακέτα του 1 γραμμαρίου στέβια
- Πασπαλίστε με θαλασσινό αλάτι

ΟΔΗΓΙΕΣ
a) Συνδυάστε αμύγδαλα (αν χρησιμοποιείτε), μούρα και βερίκοκα σε έναν επεξεργαστή τροφίμων.
b) Σε ένα μεγάλο τηγάνι, πάνω από την εστία, ψήνουμε το μείγμα σε μέτρια φωτιά.
c) Ανακατεύουμε με τυλιγμένη βρώμη, στέβια και θαλασσινό αλάτι.

d) Ψήνετε για 15 λεπτά σε μέτρια φωτιά, ανακατεύοντας τακτικά ή μέχρι να γίνει τραγανή η βρώμη.
e) Ψύξτε το μείγμα απλώνοντάς το σε λαδόκολλα.
f) Διατηρήστε το δοχείο αεροστεγές.

3. βρώμη με γαρνιτούρες

Κάνει: 1 μερίδα

ΣΥΣΤΑΤΙΚΑ:
- ½ φλιτζάνι βρώμη σε ρολό
- ½ κουταλάκι του γλυκού κανέλα
- ½ φλιτζάνι βραστό νερό

ΤΟΠΙΝΓΚ
- Φρούτα σε φέτες
- Σιρόπι σφενδάμου ή μέλι
- Κομματάκια σοκολάτας
- Καστανή ή ακατέργαστη ζάχαρη

ΟΔΗΓΙΕΣ
a) Βάλτε ½ φλιτζάνι βρώμη και ½ φλιτζάνι βραστό νερό σε μια κατσαρόλα, καλύψτε με το καπάκι και αφήστε να μουλιάσει όλη τη νύχτα.
b) Το πρωί, προσθέστε 1 κουταλάκι του γλυκού κανέλα στην κατσαρόλα και ανακατέψτε να ενωθούν.

c) Αφήστε να πάρει μια βράση, στη συνέχεια μειώστε τη φωτιά και σιγοβράστε μέχρι να μαλακώσει η βρώμη και να απορροφηθεί το μεγαλύτερο μέρος του υγρού, περίπου. 5 λεπτά es.

d) Φυλάσσετε σε αεροστεγές δοχείο στο ψυγείο για έως και 4 ημέρες.

4. Πλιγούρι βρώμης με ανανά και μούρα στο φούρνο μικροκυμάτων

Φτιάχνει: 2 μερίδες

ΣΥΣΤΑΤΙΚΑ:
- 1 φλιτζάνι φυτικό γάλα
- ½ φλιτζάνι κατεψυγμένα κομμάτια ανανά
- ½ φλιτζάνι βρώμη γρήγορα
- ¼ φλιτζάνι μούρα
- 2 κουταλάκια του γλυκού σιρόπι σφενδάμου
- ⅛ κουταλάκι του γλυκού αλάτι kosher
- 1 κουταλιά της σούπας κάσιους ψιλοκομμένα (προαιρετικά)

ΟΔΗΓΙΕΣ
a) Ανακατέψτε μαζί το φυτικό γάλα, τον ανανά, τη βρώμη, τα μούρα, το σιρόπι και το αλάτι σε ένα μικρό έως μέτριο μπολ.
b) Ρίξτε σε μια κούπα.
c) Σκεπάζουμε και ψήνουμε στα μικροκύματα μέχρι να γίνει κρέμα, περίπου 3½ λεπτά.
d) Πασπαλίστε με τους ξηρούς καρπούς, εάν χρησιμοποιείτε.

5. Κρύα βρώμη με γιαούρτι καρύδας χωρίς ζάχαρη

Κάνει: 2

ΣΥΣΤΑΤΙΚΑ:
- Βιολογική βρώμη
- Μια χούφτα αποξηραμένα κράνμπερι
- 1 μπανάνα
- 1 κουταλιά γιαούρτι καρύδας χωρίς ζάχαρη
- χούφτα αμύγδαλα (προαιρετικά)
- χούφτα καρύδια (προαιρετικά)
- Φυτική για γεύση

ΟΔΗΓΙΕΣ:
α) Συνδυάστε όλα τα υλικά σε ένα μπολ και σερβίρετε με το αγαπημένο σας φυτικό γάλα.

6. Cinnamon ρολά

Φτιάχνει: 1 μερίδα

ΣΥΣΤΑΤΙΚΑ:
- 1⅓ κουταλιά της σούπας μαγιά
- 1 φλιτζάνι χλιαρό άπαχο γάλα
- ¼ φλιτζάνι Ζάχαρη
- 3 φλιτζάνια Αλεύρι χωρισμένο
- 2 ασπράδια αυγών
- 1 κουταλάκι του γλυκού Αλάτι
- 1 φλιτζάνι καστανή ζάχαρη
- 2 κουταλιές της σούπας Κανέλα
- 1 ασπράδι αυγού
- 1 κουταλιά της σούπας άπαχο γάλα
- 1⅓ φλιτζάνι ζάχαρη άχνη
- 2 κουταλιές της σούπας άπαχο γάλα ή χυμό λεμονιού
- 1 κουταλάκι του γλυκού εκχύλισμα βανίλιας

ΟΔΗΓΙΕΣ:

ΖΥΜΗ ΖΑΧΑΡΟΠΛΑΣΤΙΚΗΣ:

a) Σε ένα μεγάλο μπολ ανακατεύουμε τη μαγιά και το γάλα. Ανακατεύουμε απαλά για 1 λεπτό.
b) Προσθέστε ζάχαρη, 1½ φλιτζάνι αλεύρι και τα ασπράδια. Ανακατεύουμε 100 χτυπήματα. Αφήνουμε να φουσκώσει για 30 λεπτά.
c) Στη συνέχεια, προσθέστε αλάτι και 1 ⅓ φλιτζάνι αλεύρι και ανακατέψτε μέχρι να αναμειχθεί καλά και η ζύμη να αρχίσει να απομακρύνεται από τα πλαϊνά του μπολ.
d) Ζυμώνουμε τη ζύμη για πέντε λεπτά, πασπαλίζοντας με το υπόλοιπο αλεύρι όσο χρειάζεται.

ΡΟΛΑ ΚΑΝΕΛΛΑΣ:

e) Πασπαλίζουμε με αλεύρι την επιφάνεια εργασίας. Τοποθετήστε τη ζύμη από πάνω.
f) Πασπαλίζουμε αρκετό αλεύρι για να μην κολλάει η ζύμη στον πλάστη. Τυλίξτε τη ζύμη επίπεδη μέχρι να έχει πάχος περίπου ¼ ίντσας, σε ορθογώνιο σχήμα.
g) Πασπαλίζουμε από πάνω το μείγμα κανέλας-καστανής ζάχαρης. Τυλίξτε απαλά το ορθογώνιο της ζύμης σε ένα κούτσουρο από τη μακριά πλευρά. Κόψτε σε κομμάτια πάχους 2 ιντσών. Τοποθετούμε σε αντικολλητικό φύλλο μπισκότων.
h) Συνδυάστε το ασπράδι αυγού και το αποβουτυρωμένο γάλα για το πλύσιμο των αυγών. Βουρτσίστε ελαφρά τις κορυφές των ρολών με το πλύσιμο των αυγών. Ψήνουμε σε φούρνο στους 375 βαθμούς για 20 λεπτά ή μέχρι να ροδίσουν. Αφαιρέστε αμέσως από το τηγάνι και πάγο.

ΓΛΑΣΟ:

i) Ρίξτε ζάχαρη άχνη σε ένα μικρό μπολ. Βράζουμε το γάλα και περιχύνουμε με τη ζάχαρη. Ανακατεύουμε μέχρι να ομογενοποιηθούν. Προσθέστε τη βανίλια και ανακατέψτε μέχρι να ομογενοποιηθεί καλά. Ρίξτε ένα κουτάλι σε ρολά κανέλας.

7. Βάφλες χωρίς λιπαρά

Κάνει: 4 μερίδες

ΣΥΣΤΑΤΙΚΑ:
- 1 ½ φλιτζάνι αλεύρι ολικής αλέσεως
- 1 κουταλιά της σούπας Μπέικιν πάουντερ/ή μαγειρική σόδα
- 1 κουταλάκι του γλυκού Βανίλια
- 1 κουταλάκι του γλυκού Κανέλα
- 1 κουταλάκι του γλυκού σπόροι κύμινο
- 1 κουταλάκι του γλυκού σπόροι λιναριού
- 1 φλιτζάνι γιαούρτι χωρίς λιπαρά
- 1¼ φλιτζάνι άπαχο γάλα

ΟΔΗΓΙΕΣ:
a) Ζεσταίνουμε το σίδερο βάφλας ενώ ετοιμάζουμε το κουρκούτι.
b) Βάζουμε όλα αυτά τα υλικά στο μίξερ και ανακατεύουμε καλά.

c) Χρησιμοποιώντας ½ φλιτζάνι μεζούρα, ρίξτε το σίδερο βάφλας, βάλτε το χρονόμετρο για 4 λεπτά ή μέχρι να μειωθεί ο περισσότερος ατμός.

8. Μπισκότα χωρίς λιπαρά

Φτιάχνει: 1 μερίδα

ΣΥΣΤΑΤΙΚΑ:
- 2 φλιτζάνια αλεύρι ζαχαροπλαστικής ολικής αλέσεως
- 2 κουταλάκια του γλυκού Μπέικιν πάουντερ
- 1 κουταλιά της σούπας Ζάχαρη
- ¼ φλιτζάνι υποκατάστατο αυγού
- 1 ½ κουταλιά της σούπας κρέμα
- 1 φλιτζάνι νερό και 2 κουταλάκια του γλυκού ξύδι
- ½ κουταλάκι του γλυκού μαγειρική σόδα
- ½ κουταλάκι του γλυκού Αλάτι;
- Αντικολλητικό σπρέι

ΟΔΗΓΙΕΣ:
α) Προθερμαίνουμε τον φούρνο στους 400 βαθμούς. Ανακατεύουμε το αλεύρι, το μπέικιν πάουντερ, τη ζάχαρη, το

αλάτι, τη μαγειρική σόδα και το υποκατάστατο αυγών μέχρι να αποκτήσουν ομοιόμορφη ζύμη μπισκότου.
b) Προσθέστε το μείγμα Creme It, ανακατεύοντας μαζί για να ολοκληρώσετε τη ζύμη.
c) Ρίξτε μια μεγάλη γεμάτη κουταλιά, με απόσταση 2" σε φύλλο μπισκότου, ελαφρά επικαλυμμένο με αντικολλητικό σπρέι.
d) Ψήνουμε 8-10 λεπτά.

ΟΡΕΚΤΙΚΑ ΚΑΙ DIPS

9. Μπαλάκια matz ο χωρίς λιπαρά

Φτιάχνει: 1 μερίδα

ΣΥΣΤΑΤΙΚΑ:
- ½ φλιτζάνι Γεύμα Μάτσα
- ½ κουταλάκι του γλυκού Αλάτι
- ¾ κουταλάκι του γλυκού ζωμός στιγμής σε σκόνη
- 2 κουταλάκια του γλυκού μαϊντανός ψιλοκομμένος
- 1 παύλα Κρεμμύδι σε σκόνη
- 3 ασπράδια αυγών
- 3 κουταλιές της σούπας Cold club soda

ΟΔΗΓΙΕΣ:
a) Ανακατεύουμε τα ξηρά υλικά μαζί Ανακατεύουμε ελαφρά τα ασπράδια, τη σόδα και τον μαϊντανό με ένα πιρούνι και περιχύνουμε τα ξηρά υλικά. Ανακατεύουμε καλά και βάζουμε στο ψυγείο για τουλάχιστον μία ώρα.
b) Πλάθουμε σε 8 μπάλες (διαμέτρου 1½ ίντσας) και ρίχνουμε σε μια μεγάλη κατσαρόλα με βραστό αλατισμένο νερό ή ζωμό.

c) Χαμηλώνουμε τη φωτιά και σιγοβράζουμε, σκεπασμένο, για 30 λεπτά. Μην αφαιρείτε το καπάκι κατά τη διάρκεια της περιόδου μαγειρέματος.

d) Αφαιρούμε τα μπαλάκια μάτσα με τρυπητή κουτάλα και σερβίρουμε σε σούπα.

10. Λιχουδιές Marshmallow

Κάνει: 24 λιχουδιές

ΣΥΣΤΑΤΙΚΑ:
- 10 ουγγιές Marshmallows
- 6 φλιτζάνια Rice Krispie
- 3 κουταλιές της σούπας πασπαλίζουμε

ΟΔΗΓΙΕΣ:
a) Λιώστε τα marshmallows σε χαμηλή φωτιά ή στο φούρνο μικροκυμάτων.
b) Προσθέτουμε το βούτυρο και ανακατεύουμε καλά.
c) Προσθέστε τα δημητριακά και ανακατέψτε καλά γρήγορα.
d) Πιέστε σε ταψί 9" x 13" επικαλυμμένο με μαγειρικό σπρέι.

11. F at-free cupcakes σοκολάτας

Κάνει: 12 μερίδες

ΣΥΣΤΑΤΙΚΑ:
- 1 μικρό Box Jello μαγειρέψτε και σερβίρετε --
- Πουτίγκα σοκολάτας ρο
- ½ φλιτζάνι άπαχο ξηρό γάλα σε σκόνη
- 1 κουταλιά της σούπας κακάο Hershey's Unsweetened
- ½ φλιτζάνι Ζάχαρη
- 1 φλιτζάνι αλεύρι που φουσκώνει μόνο του
- 4 ασπράδια αυγών -- χτυπήστε με
- 1 πρέζα αλάτι σε μπολ 1-½ qt
- 1 κουταλάκι του γλυκού Βανίλια
- 4 ουγγιές σάλτσα μήλου
- ¼ κουταλάκι του γλυκού μαγειρική σόδα

ΟΔΗΓΙΕΣ:
α) Σε μέτριο μπολ ανάμειξης ανακατεύουμε τη σκόνη ζελέ, το ξηρό γάλα, το κακάο, τη ζάχαρη και το αλεύρι. Αφήνω στην άκρη.

b) Με ηλεκτρικό μίξερ χτυπάμε εναλλάξ μέσα στο μείγμα του ασπράδιου ένα φλιτζάνι τη φορά με τη βανίλια, τη σάλτσα μήλου και τη μαγειρική σόδα, που έχουν ανακατευτεί.

c) Χτυπάμε 2 λεπτά μετά την τελευταία προσθήκη. Μοιράστε τη ζύμη εξίσου σε 12 πηγάδια για cupcakes με χάρτινη γραμμή.

d) Ψήνουμε στους 350~ περίπου 18-20 λεπτά ή μέχρι το δοκιμαστικό να βγαίνει καθαρό.

12. Μπράουνι Μπιτς

Κάνει: 13

ΣΥΣΤΑΤΙΚΑ:
- ¼ φλιτζάνι τσιπς σοκολάτας χωρίς ζάχαρη
- ¼ φλιτζάνι σκόνη κακάο χωρίς ζάχαρη
- 1 φλιτζάνι πεκάν, ψιλοκομμένα (½ άπαχο)
- ½ φλιτζάνι βούτυρο αμυγδάλου
- ½ κουταλάκι του γλυκού βανίλια
- ¼ φλιτζάνι γλυκαντικό φρούτων μοναχού
- ⅛ κουταλάκι του γλυκού ροζ αλάτι

ΟΔΗΓΙΕΣ:
a) Προσθέστε τα πεκάν, το γλυκαντικό, τη βανίλια, το βούτυρο αμυγδάλου, τη σκόνη κακάο και το αλάτι στον επεξεργαστή τροφίμων και ανακατέψτε μέχρι να ομογενοποιηθούν καλά.
b) Μεταφέρετε το μείγμα μπράουνι στο μεγάλο μπολ. Προσθέστε κομματάκια σοκολάτας και διπλώστε καλά.

c) Φτιάξτε μικρά στρογγυλά μπαλάκια από το μείγμα μπράουνι και τα βάζετε σε ταψί.
d) Τοποθετούμε στην κατάψυξη για 20 λεπτά.

13. Μπάλες κολοκύθας

Κάνει: 18

ΣΥΣΤΑΤΙΚΑ:
- 1 φλιτζάνι βούτυρο αμυγδάλου
- 5 σταγόνες υγρή στέβια
- 2 κουταλιές της σούπας αλεύρι καρύδας
- 2 κουταλιές της σούπας πουρέ κολοκύθας
- 1 κουταλάκι του γλυκού μπαχαρικό για κολοκυθόπιτα

ΟΔΗΓΙΕΣ:
a) Ανακατεύουμε σε ένα μεγάλο μπολ τον πουρέ κολοκύθας και το βούτυρο αμυγδάλου μέχρι να ενωθούν καλά.
b) Προσθέστε υγρή στέβια, μπαχαρικό για κολοκυθόπιτα και αλεύρι καρύδας και ανακατέψτε καλά.
c) Φτιάχνουμε μικρά μπαλάκια από το μείγμα και τα βάζουμε σε ταψί.
d) Τοποθετούμε στην κατάψυξη για 1 ώρα.

14. Vegan Ρολά από ρυζόχαρτο

Κάνει: 2

ΣΥΣΤΑΤΙΚΑ:
- ½ αγγούρι, κομμένο σε σπιρτόξυλα
- Μια χούφτα φύτρα φασολιών
- Αψητος Ριζόχαρτο
- 4 φρέσκα κρεμμυδάκια
- Μια χούφτα κόλιανδρο , ψιλοκομμένο
- 1 καρότο, κομμένο σε σπιρτόξυλα
- Liquid Amino
- 1 τσίλι

ΟΔΗΓΙΕΣ:
a) Μαγειρέψτε τα ρολά ριζόχαρτου μουλιάζοντάς τα σε ένα μεγάλο μπολ με βραστό νερό μέχρι να γίνουν εύκαμπτα.
b) Ρίξτε τον κόλιανδρο με τα υπόλοιπα υλικά στα περιτυλίγματα από ριζόχαρτο.
c) Ρολ και φόρεμα σε Liquid Aminos.

15. Κολοκυθάκια γεμιστά με πατάτες

Κάνει: 8

ΣΥΣΤΑΤΙΚΆ:
- 4 κολοκυθάκια κομμένα στη μέση
- Πρέζα αλάτι
- 1 ½ πατάτες ψητές, καθαρισμένες και κομμένες σε κύβους
- 2 ½ φλιτζάνια κρεμμύδι, κομμένο σε κύβους
- 1 πιπεριά σεράνο, ψιλοκομμένη
- 2 σκελίδες σκόρδο
- 1 κουταλάκι του γλυκού κόλιανδρο σε σκόνη
- ¼ κουταλάκι του γλυκού κύμινο σε σκόνη
- ¼ κουταλάκι του γλυκού κουρκουμά σε σκόνη
- μαύρο πιπέρι, φρεσκοτριμμένο
- 1 ½ κουταλιά της σούπας τζίντζερ, ψιλοκομμένο
- 2 κουταλιές της σούπας αλεύρι ρεβιθιού
- 1 ½ φλιτζάνι κατεψυγμένα αρακά, αποψυγμένα
- 2 κουταλιές της σούπας κόλιανδρο

ΟΔΗΓΙΕΣ:
a) Προθερμαίνουμε το φούρνο στους 375 βαθμούς Φαρενάιτ.
b) Βγάλτε τη σάρκα από τα μισά κολοκυθάκια, αφήνοντας ένα δέρμα πάχους περίπου ¼ ίντσας.
c) Σε ένα ρηχό τηγάνι, τοποθετήστε τα μισά κολοκυθάκια κομμένα προς τα πάνω.
d) Αλατοπιπερώνουμε τα μισά κολοκυθάκια.
e) Βράζουμε τις πατάτες για 2 λεπτά σε μια κατσαρόλα με βραστό νερό.
f) Στραγγίζουμε καλά το νερό και το αφήνουμε στην άκρη.
g) Ζεσταίνουμε λίγο νερό και σοτάρουμε το κρεμμύδι, το σεράνο, το σκόρδο και το τζίντζερ για 3 λεπτά.
h) Ανακατεύουμε το αλεύρι ρεβιθιού και τα μπαχαρικά για άλλα 5 λεπτά.
i) Προσθέστε τις βραστές πατάτες, τον αρακά και τον κόλιανδρο και αποσύρετε από τη φωτιά.
j) Γεμίζουμε ομοιόμορφα τα μισά κολοκυθάκια με το μείγμα λαχανικών,
k) Με το καπάκι στο ταψί ψήνουμε για 20 λεπτά.

ΚΥΡΙΟ ΠΙΑΤΟ

16. Ζυμαρικά ψησίματος με ρεβίθια

Κάνει: 4

ΣΥΣΤΑΤΙΚΑ:
- 2 σκελίδες σκόρδο, ψιλοκομμένες
- ½ κουταλιά της σούπας καπνιστή πάπρικα
- 1 κουταλιά της σούπας αλεσμένο κύμινο
- ½ κουταλιά της σούπας αποξηραμένη ρίγανη
- ¼ κουταλιές της σούπας πιπέρι καγιέν
- Αλάτι, και μαύρο πιπέρι
- 1 κίτρινο κρεμμύδι
- 2 φλιτζάνια άψητα vegan ζυμαρικά
- Κονσέρβα 15 ουγγιών τομάτες σε κύβους
- κουτάκι 15 ουγγιών με καρδιές αγκινάρας τέταρτο
- Ρεβύθια κονσέρβας 19 ουγγιών
- 1 ½ φλιτζάνι ζωμό λαχανικών
- ¼ μάτσο φρέσκο μαϊντανό, ψιλοκομμένο
- 1 φρέσκο λεμόνι, κομμένο σε φέτες

ΟΔΗΓΙΕΣ:

a) Σε ένα μεγάλο τηγάνι ζεσταίνουμε 2 κουταλιές της σούπας νερό και σοτάρουμε το σκόρδο και το κρεμμύδι μέχρι να μαλακώσουν.
b) Προσθέστε την καπνιστή πάπρικα, το κύμινο, τη ρίγανη, το πιπέρι καγιέν και το μαύρο πιπέρι.
c) λεπτό.
d) Προσθέστε τα ζυμαρικά και μαγειρέψτε για 2 λεπτά.
e) Προσθέστε τα ρεβίθια και τις καρδιές της αγκινάρας με τις ντομάτες σε κύβους, το ζωμό λαχανικών και το αλάτι.
f) Ανακατεύουμε καλά όλα τα υλικά.
g) Αφήστε να πάρει μια βράση και στη συνέχεια σιγοβράστε για 20 λεπτά.
h) Αφαιρούμε το καπάκι, αφρατέψουμε με ένα πιρούνι και γαρνίρουμε με τον μαϊντανό.
i) Στύβετε το χυμό λεμονιού πάνω από κάθε μερίδα.

17. Εστίες Τόφου με κόκκινο πιπέρι

Κάνει: 4

ΣΥΣΤΑΤΙΚΑ:
- 1 μερίδα σάλτσα τζίντζερ τεριγιάκι
- 2 πιπεριές κομμένες σε κύβους
- 1 κρεμμύδι, κομμένο σε κύβους
- 8 ουγγιές τόφου, ψιλοκομμένο
- Φιστίκια για γαρνίρισμα (προαιρετικά)

ΟΔΗΓΙΕΣ:
a) Ζεσταίνουμε 2 κουταλιές της σούπας νερό σε ένα τηγάνι σε μέτρια προς δυνατή φωτιά.
b) Προσθέστε την πιπεριά, το κρεμμύδι και το τόφου και μαγειρέψτε, ανακατεύοντας περιστασιακά, για 5 έως 7 λεπτά ή μέχρι να μαλακώσουν τα λαχανικά.
c) Προσθέστε τη σάλτσα teriyaki στο τηγάνι.

d) Μαγειρέψτε για 3 με 4 λεπτά, ανακατεύοντας συνεχώς μέχρι να δέσει η σάλτσα.

e) Σερβίρετε, γαρνίροντας με φιστίκια, αν χρησιμοποιείτε.

18. Ψήστε d Tofu και λαζάνια σπανάκι

Κάνει: 2

ΣΥΣΤΑΤΙΚΑ:
- 2 μεγάλες χούφτες baby σπανάκι
- 500g μαλακό μεταξωτό τόφου
- 1 μελιτζάνα ψητή
- Λαζάνια με ορθογραφία
- 1 κολοκυθάκι ψητό
- 8 ντομάτες Ρομά , καθαρισμένες
- Μια χούφτα φρέσκο βασιλικό
- 1 κόκκινη πιπεριά ψημένη και ξεφλουδισμένη
- 1 λεμόνι
- 2 σκελίδες σκόρδο
- 1 κόκκινο κρεμμύδι

ΟΔΗΓΙΕΣ:
a) Προθερμαίνουμε το φούρνο στους 180 βαθμούς Φαρενάιτ.
b) Για να φτιάξετε τη σάλτσα, ανακατεύετε στο μπλέντερ την πιπεριά, τις ντομάτες, τη μία σκελίδα σκόρδο και τον βασιλικό και τα αφήνετε στην άκρη.

c) Ανακατέψτε το τόφου, την άλλη σκελίδα σκόρδο, το χυμό λεμονιού και το σπανάκι για να κάνετε μια πάστα.

d) Φτιάχνουμε λαζάνια στρώνοντας τη μελιτζάνα και το κολοκυθάκι με τις υπόλοιπες ντομάτες, το τόφου, το μείγμα σπανάκι και μια στρώση λαζάνια.

e) Ψήνουμε για 35 λεπτά.

19. Τόφου με κρούστα με σουσάμι

Κάνει: 4 μερίδες

ΣΥΣΤΑΤΙΚΑ:
- Συσκευασία 14 ουγκιών εξαιρετικά σκληρού τόφου, κατεψυγμένο, αποψυγμένο, στραγγισμένο και συμπιεσμένο
- ¼ φλιτζάνι ταμάρι ή σάλτσα σόγιας
- ⅛ φλιτζάνι ξύδι ρυζιού
- ⅛ φλιτζάνι mirin
- 2 κουταλάκια του γλυκού ανοιχτό ή σκούρο σιρόπι αγαύης ή μέλι vegan
- 2 κουταλάκια του γλυκού ψιλοκομμένο σκόρδο
- 1 κουταλάκι του γλυκού τριμμένο φρέσκο τζίντζερ
- 2 κουταλιές της σούπας μαύρο σουσάμι
- 2 κουταλιές της σούπας λευκό σουσάμι
- 1 κουταλάκι του γλυκού άμυλο πατάτας

ΟΔΗΓΙΕΣ:
α) Συνδυάστε το ταμάρι, το ξύδι, το mirin, την αγαύη, το σκόρδο και το τζίντζερ.

b) Ρίξτε τη μαρινάδα πάνω από το τόφου, σκεπάστε το δοχείο και βάλτε το στο ψυγείο για 1 έως 8 ώρες.
c) Κόβουμε το τόφου σε τετράγωνα.
d) Προθερμάνετε τη φριτέζα αέρα στους 390°F για 3 λεπτά.
e) Τρίψτε το μαύρο σουσάμι, το λευκό σουσάμι και το άμυλο πατάτας σε τόφου.
f) Τοποθετήστε το τόφου στο καλάθι της φριτέζας και μαγειρέψτε στους 390°F για 15 λεπτά.
g) Μετά από περίπου 7 λεπτά, χρησιμοποιήστε απαλά λαβίδες για να ελέγξετε ότι το τόφου δεν κολλάει.

20. Στιγμιαία κατσαρόλα Ρύζι Cilantro

Κάνει: 6

ΣΥΣΤΑΤΙΚΑ:
- 1⅓ φλιτζάνι λευκό ρύζι
- ½ κίτρινο κρεμμύδι, κομμένο σε κύβους
- 1 σκελίδα σκόρδο, ψιλοκομμένη
- 2 φλιτζάνια νερό
- ½ κουταλιά της σούπας μπουγιόν λαχανικών
- ½ φλιτζάνι αρακά
- ½ κουταλάκι του γλυκού κύμινο
- 2 ουγγιές μπορεί να πράσινα τσίλι
- ¼ μάτσο κόλιαντρο, ψιλοκομμένο
- ¾ κουταλάκι του γλυκού φρέσκο χυμό λάιμ
- Αλάτι για γεύση

ΟΔΗΓΙΕΣ:
α) Προσθέστε λίγο νερό, το κρεμμύδι και το σκόρδο στο Instant Pot και σοτάρετε για 4 λεπτά.

b) Προσθέστε όλα τα υπόλοιπα υλικά στη χύτρα
c) Καλύψτε και στερεώστε το καπάκι. Γυρίστε τη λαβή απελευθέρωσης πίεσης στη θέση στεγανοποίησης
d) Μαγειρέψτε στη χειροκίνητη λειτουργία με υψηλή πίεση για 7 λεπτά.
e) Όταν ηχήσει, κάντε μια φυσική απελευθέρωση και ανοίξτε το καπάκι της κατσαρόλας. Γαρνίρουμε με φρέσκο κόλιανδρο και σερβίρουμε.

21. Τηγανητό ρύζι με tofu και kale

Κάνει: 4

ΣΥΣΤΑΤΙΚΑ:
- ¼ φλιτζάνι σάλτσα γουόκ
- 8 ουγγιές τόφου, ψιλοκομμένο
- 2 φλιτζάνια λάχανο, με μίσχο και ψιλοκομμένο
- 3 φλιτζάνια μαγειρεμένο καστανό ρύζι
- 6 φρέσκα κρεμμυδάκια, κομμένα σε φέτες

ΟΔΗΓΙΕΣ:
a) Σε ένα τηγάνι ζεσταίνουμε 2-3 κουταλιές της σούπας νερό σε δυνατή φωτιά μέχρι να αρχίσει να σιγοβράζει.
b) Προσθέστε το τόφου, τα πράσινα κρεμμυδάκια και το λάχανο.
c) Μαγειρέψτε, ανακατεύοντας συχνά, μέχρι να μαλακώσουν τα λαχανικά, για 5 με 7 λεπτά.
d) Προσθέστε καστανό ρύζι και σάλτσα γουόκ.
e) Μαγειρέψτε για 3 έως 5 λεπτά, ανακατεύοντας κατά διαστήματα μέχρι να ζεσταθεί.

22. Ρύζι Τηγανητό Ρύζι

Κάνει: 4 μερίδες

ΣΥΣΤΑΤΙΚΑ:
- 1 φλιτζάνι ρύζι
- 1 φλιτζάνι νερό
- 1 μικρή πατάτα, καθαρισμένη
- 1 φλιτζάνι καρότα, κομμένα σε κύβους
- 1 φλιτζάνι λουκάνικο κινέζικου τύπου, κομμένο σε φέτες
- 1 φλιτζάνι κρεμμύδια
- 1 φλιτζάνι πράσινα μπιζέλια κατεψυγμένα
- 2 κουταλιές της σούπας σάλτσα σόγιας
- 1 κουταλιά της σούπας σάλτσα στρειδιών
- αλάτι και μαύρο πιπέρι για γεύση

ΟΔΗΓΙΕΣ
a) Ξεπλύνετε το ρύζι σε κρύο νερό. Διοχετεύω.
b) Ρίξτε το ξεπλυμένο ρύζι στη χύτρα ρυζιού.

c) Προσθέστε μια καθαρισμένη πατάτα στο κέντρο, στη συνέχεια καρότα, λουκάνικο, κρεμμύδια και αρακά.
d) Προσθέστε σάλτσα σόγιας και σάλτσα στρειδιών.
e) Ρίξτε 1 φλιτζάνι νερό και κλείστε το καπάκι.
f) Όταν σβήσει το χρονόμετρο, σηκώστε το καπάκι και σπάστε την πατάτα με ένα κουτάλι.
g) Ανακατέψτε απαλά τα πάντα.
h) Αλατοπιπερώνουμε κατά βούληση και μαύρο πιπέρι.
i) Σερβίρετε και απολαύστε!

23. Instant Pot Beans & Mushroom Gumbo

Κάνει: 4

ΣΥΣΤΑΤΙΚΑ:
- 3 σκελίδες σκόρδο, ψιλοκομμένες
- 1 φλιτζάνι μανιτάρια, κομμένα σε φέτες
- 1 φλιτζάνι φασόλια, μουλιασμένα όλη τη νύχτα
- 1 πιπεριά, ψιλοκομμένη
- 2 κουταλιές της σούπας σάλτσα tamari
- 2 μέτρια κολοκυθάκια, κομμένα σε φέτες
- 2 φλιτζάνια ζωμός λαχανικών

ΟΔΗΓΙΕΣ:
a) Προσθέστε όλα τα υλικά στην κατσαρόλα της στιγμής και ανακατέψτε καλά.
b) Κλείνουμε την κατσαρόλα με καπάκι και μαγειρεύουμε σε δυνατή φωτιά για 8 λεπτά,

c) Αφήστε να εκτονωθεί η πίεση φυσικά για 10 λεπτά και στη συνέχεια αφήστε το χρησιμοποιώντας τη μέθοδο γρήγορης αποδέσμευσης.
d) Ανακατεύουμε καλά και σερβίρουμε.

24. Φασόλια και κινόα με λαχανικά

Κάνει: 4

ΣΥΣΤΑΤΙΚΑ:
- 1 φλιτζάνι ξηρή κινόα
- 1 μέτριο λευκό κρεμμύδι, κομμένο σε κύβους
- 4 σκελίδες σκόρδο
- ½ κουταλάκι του γλυκού αλεσμένος κουρκουμάς
- ½ κουταλάκι του γλυκού πιπέρι καγιέν
- Πρέζα αλάτι
- 2 φλιτζάνια πράσινα φασόλια, κομμένα και ψιλοκομμένα
- 2 φλιτζάνια αρακά, ξεφλουδισμένα
- 1 κόκκινη πιπεριά, ξεσποριασμένη και ψιλοκομμένη
- 2 κουταλιές της σούπας φρέσκο χυμό λάιμ
- 2 φλιτζάνια καλαμπόκι
- 2 κουταλιές της σούπας σκόνη κάρυ

ΟΔΗΓΊΕΣ:
α) Φέρτε 2 φλιτζάνια νερό να βράσουν.

b) Προσθέτουμε την κινόα και ανακατεύουμε να ενωθούν.
c) Χαμηλώνουμε τη φωτιά και συνεχίζουμε το ψήσιμο μέχρι να απορροφηθούν τα υγρά.
d) Σε ένα μεγάλο μαντεμένιο τηγάνι ζεσταίνουμε 2 κουταλιές της σούπας νερό και σοτάρουμε το κρεμμύδι, το σκόρδο, τη σκόνη κάρυ, τον κουρκουμά και το αλάτι για περίπου 4-5 λεπτά.
e) Προσθέστε τα λαχανικά και μαγειρέψτε για περίπου 4 λεπτά.
f) Προσθέστε κινόα και φασόλια και μαγειρέψτε για περίπου 2-3 λεπτά. Περιχύστε με χυμό λεμονιού.

25. Στιγμιαία κατσαρόλα Ριζότο φακής

Κάνει: 2

ΣΥΣΤΑΤΙΚΑ:
- ½ φλιτζάνι ξηρές φακές, μουλιασμένες όλη τη νύχτα
- 1 σκελίδα σκόρδο, ελαφρώς πολτοποιημένη
- 2 φλιτζάνια ζωμός λαχανικών
- ½ μέτριο κρεμμύδι, ψιλοκομμένο.
- ½ κοτσάνι σέλινου, ψιλοκομμένο.
- 1 κλωναράκι μαϊντανό, ψιλοκομμένο.
- ½ φλιτζάνι Arborio

ΟΔΗΓΙΕΣ:
a) Προσθέστε 2 κουταλιές της σούπας νερό και κρεμμύδια στο Instant Pot και σοτάρετε για 5 λεπτά.
b) Προσθέστε όλα τα υπόλοιπα υλικά στο Instant Pot.
c) Καλύψτε και στερεώστε το καπάκι. Γυρίστε τη λαβή απελευθέρωσης πίεσης στη θέση στεγανοποίησης

d) Μαγειρέψτε στη χειροκίνητη λειτουργία με υψηλή πίεση για 15 λεπτά
e) Όταν ηχήσει, κάντε μια Φυσική απελευθέρωση για 20 λεπτά.
f) Ανακατεύουμε και σερβίρουμε ζεστό με βρασμένο λευκό ρύζι.

26. Εστίες Φακές με κάρυ

Κάνει: 5 φλιτζάνια

ΣΥΣΤΑΤΙΚΑ:
- 2 κουταλάκια του γλυκού σπόροι κύμινου
- ½ κουταλάκι του γλυκού κουρκουμά σε σκόνη
- 1 ξυλάκι κανέλας
- 1 φύλλο κασσίας
- ½ κίτρινο ή κόκκινο κρεμμύδι, ξεφλουδισμένο και ψιλοκομμένο
- 1 κομμάτι ρίζα τζίντζερ, ξεφλουδισμένη και τριμμένη
- 4 σκελίδες σκόρδο, ξεφλουδισμένες και τριμμένες ή ψιλοκομμένες
- 2 ντομάτες καθαρισμένες και κομμένες σε κύβους
- 2–4 πράσινα ταϊλανδέζικα τσίλι, ψιλοκομμένα
- 4 φλιτζάνια μαγειρεμένες φακές
- 1 ½ κουταλάκι του γλυκού χοντρό θαλασσινό αλάτι
- 1 κουταλάκι του γλυκού κόκκινη σκόνη τσίλι ή καγιέν
- 2 κουταλιές της σούπας φρέσκο κόλιανδρο ψιλοκομμένο

ΟΔΗΓΙΕΣ:

a) Ζεσταίνουμε 2 κουταλιές της σούπας νερό σε μια βαριά κατσαρόλα σε μέτρια φωτιά.
b) Προσθέστε το κύμινο, τον κουρκουμά, την κανέλα και το φύλλο κασσίας και μαγειρέψτε για 30 δευτερόλεπτα.
c) Προσθέστε το κρεμμύδι και μαγειρέψτε μέχρι να ροδίσει.
d) Προσθέστε τη ρίζα τζίντζερ και το σκόρδο.
e) Μαγειρέψτε για άλλα 2 λεπτά.
f) Προσθέστε τις ντομάτες και τα πράσινα τσίλι.
g) Σιγοβράζουμε για 5 λεπτά.
h) Προσθέστε τις φακές, και μαγειρέψτε για άλλα 2 λεπτά.
i) Προσθέστε το νερό, το αλάτι και την κόκκινη σκόνη τσίλι.
j) Σιγοβράζουμε για 10 με 15 λεπτά.
k) Σερβίρουμε γαρνίροντας με κόλιαντρο.

27. Μύδια στον ατμό με Καρύδα-Κάρι

Κάνει: 4

ΣΥΣΤΑΤΙΚΑ:
- 6 κλωναράκια κόλιανδρο
- 2 σκελίδες σκόρδο
- 2 ασκαλώνια
- ¼ κουταλάκι του γλυκού σπόροι κόλιανδρου
- ¼ κουταλάκι του γλυκού νιφάδες κόκκινου τσίλι
- 1 κουταλάκι του γλυκού ξύσμα
- 1 κουτί γάλα καρύδας
- 1 κουταλιά της σούπας πάστα κάρυ
- 1 κουταλιά της σούπας καστανή ζάχαρη
- 1 κουταλιά της σούπας σάλτσα ψαριού
- 2 λίβρες μύδια

ΟΔΗΓΙΕΣ:

a) Σε ένα μπολ ανακατεύουμε το ξύσμα λάιμ, τους μίσχους κόλιανδρου, το ασκαλώνιο, το σκόρδο, τον κόλιανδρο, το τσίλι και το αλάτι

b) Σε μια κατσαρόλα ζεσταίνουμε λίγο νερό και προσθέτουμε, το σκόρδο, τα ασκαλώνια, την κοπανισμένη πάστα και την πάστα κάρυ

c) Μαγειρέψτε για 3-4 λεπτά, προσθέστε το γάλα καρύδας, τη ζάχαρη και τη σάλτσα ψαριού

d) Αφήνουμε να σιγοβράσει και προσθέτουμε τα μύδια

e) Ρίξτε το χυμό λάιμ, τα φύλλα κόλιανδρου και μαγειρέψτε για μερικά λεπτά ακόμα

f) Όταν είναι έτοιμο, αποσύρουμε από τη φωτιά και σερβίρουμε.

28. Μαύρος μπακαλιάρος

Κάνει: 4

ΣΥΣΤΑΤΙΚΑ:
- ¼ φλιτζάνι πάστα miso
- ¼ φλιτζάνι σάκε
- 1 κουταλιά της σούπας mirin
- 1 κουταλάκι του γλυκού σάλτσα σόγιας
- 4 φιλέτα μαύρου μπακαλιάρου

ΟΔΗΓΙΕΣ:
a) Σε ένα μπολ ανακατεύουμε το miso, τη σάλτσα σόγιας και το σάκε.
b) Τρίψτε το μείγμα πάνω από φιλέτα μπακαλιάρου και αφήστε τον να μαριναριστεί για 20-30 λεπτά
c) Προσαρμόστε τα φιλέτα κρεατοπαραγωγής και ψησίματος μπακαλιάρου για 10-12 λεπτά
d) Όταν ψηθεί το ψάρι, αφαιρέστε και σερβίρετε

29. Miso-Glazed Salmon

Κάνει: 4

ΣΥΣΤΑΤΙΚΑ:
- ¼ φλιτζάνι κόκκινο miso
- ¼ φλιτζάνι σάκε
- 1 κουταλιά της σούπας σάλτσα σόγιας
- 4 φιλέτα σολομού

ΟΔΗΓΙΕΣ:
a) Σε ένα μπολ ανακατεύουμε το σάκε, τη σάλτσα σόγιας και το miso.
b) Τρίψτε το μείγμα πάνω από φιλέτα σολομού και μαρινάρετε για 20-30 λεπτά
c) Προθερμάνετε ένα κοτόπουλα κρεατοπαραγωγής
d) Ψήστε το σολομό για 5-10 λεπτά
e) Όταν είναι έτοιμο αφαιρούμε και σερβίρουμε

30. Κινόα με λαχανικά

Κάνει: 8

ΣΥΣΤΑΤΙΚΑ:
- 2 φλιτζάνια κινόα, ξεπλυμένες και στραγγισμένες
- 2 καρότα, καθαρισμένα και κομμένα σε φέτες
- 1 φλιτζάνι μανιτάρια κρεμίνι σε φέτες
- 3 σκελίδες σκόρδο, ψιλοκομμένες
- 4 φλιτζάνια ζωμό λαχανικών με χαμηλή περιεκτικότητα σε νάτριο
- ½ κουταλάκι του γλυκού αλάτι
- 1 κουταλάκι του γλυκού αποξηραμένα φύλλα μαντζουράνας
- ⅛ κουταλάκι του γλυκού μαύρο πιπέρι

ΟΔΗΓΙΕΣ:
a) Σε μια αργή κουζίνα 6 λίτρων, ανακατεύουμε όλα τα υλικά.
b) Μαγειρέψτε σε χαμηλή φωτιά για 5 με 6 ώρες, σκεπασμένο.
c) Ανακατεύουμε το μείγμα και σερβίρουμε.

31. Μοσχαρίσιο κρέας με μπρόκολο ή ρύζι κουνουπίδι

Κάνει: 2

ΣΥΣΤΑΤΙΚΑ:
- 1 κιλό ωμή μοσχαρίσια στρογγυλή μπριζόλα, κομμένη σε λωρίδες
- 1 κουταλιά της σούπας + 2 κουταλάκια του γλυκού σάλτσα σόγιας με χαμηλή περιεκτικότητα σε νάτριο
- 1 πακέτο Splenda
- ½ φλιτζάνι νερό
- 1 ½ φλιτζάνι μπουκίτσες μπρόκολου
- 2 Φλιτζάνια μαγειρεμένο, τριμμένο κουνουπίδι ή παγωμένο κουνουπίδι

ΟΔΗΓΙΕΣ:
a) Ανακατέψτε τη μπριζόλα με σάλτσα σόγιας και αφήστε το να καθίσει για περίπου 15 λεπτά.
b) Ζεσταίνουμε λίγο νερό σε μέτρια προς δυνατή φωτιά και τηγανίζουμε το βόειο κρέας για 3-5 λεπτά ή μέχρι να ροδίσει.

c) Αφαιρέστε από το τηγάνι.
d) Τοποθετήστε το μπρόκολο, το Splenda και το νερό.
e) Καλύψτε και μαγειρέψτε για 5 λεπτά ή μέχρι το μπρόκολο να αρχίσει να μαλακώνει, ανακατεύοντας μερικές φορές.
f) Προσθέστε ξανά το βόειο κρέας και ζεσταίνετε καλά.
g) Σερβίρετε το πιάτο με ρύζι κουνουπίδι.

ΣΑΛΑΤΕΣ ΚΑΙ ΠΛΕΥΡΕΣ

32. Ψητό λάχανο

Κάνει: περίπου 8–10

ΣΥΣΤΑΤΙΚΑ:
- 500 γρ λάχανο
- Ρίξε αλάτι χαμηλής περιεκτικότητας σε νάτριο
- 4 μικρές σκελίδες σκόρδο
- Τρίψτε μαύρο αλεσμένο πιπέρι

ΟΔΗΓΙΕΣ:
a) Προθερμαίνουμε τον φούρνο στους 120 βαθμούς Κελσίου (250 βαθμοί Φαρενάιτ/Αέριο 12).
b) Ρίχνουμε τα φύλλα του λάχανου με το σκόρδο σε ένα ταψί.
c) Αλατοπιπερώνουμε καλά και μετά ψήνουμε στο γκριλ για 20 λεπτά.
d) Αφαιρούμε τα ψητά φύλλα και τα τοποθετούμε σε σχάρα να κρυώσουν.

33. Ψητό κουνουπίδι και μπρόκολο

Κάνει: 8 φλιτζάνια

ΣΥΣΤΑΤΙΚΑ:
- 2 φλιτζάνια ντοματίνια
- 1 κουταλιά της σούπας garam masala
- 1 κεφάλι κουνουπίδι, αφαιρούνται τα μπουκετάκια και κομμένα σε φέτες
- 1 κεφάλι μπρόκολο, αφαιρούμε τα μπουκετάκια και τα κόβουμε σε φέτες
- 2 κουταλάκια του γλυκού χοντρό θαλασσινό αλάτι

ΟΔΗΓΙΕΣ:
a) Προθερμάνετε το φούρνο στους 425°F με μια σχάρα φούρνου στην επάνω θέση.
b) Σε ένα μπολ ανακατεύουμε το κουνουπίδι, το μπρόκολο και τις ντομάτες.
c) Ανακατεύουμε το garam masala και το αλάτι.

d) Συνδυάστε απαλά.
e) Τοποθετούμε το μείγμα στο ταψί που έχουμε ετοιμάσει.
f) Μαγειρέψτε για 30 λεπτά, ανακατεύοντας μια φορά μέχρι τη μέση.
g) Αφήστε να κρυώσει ελαφρά.

34. Ψητή Σαλάτα Pattypan Squash

Κάνει: 4 - 6 μερίδες

ΣΥΣΤΑΤΙΚΑ:
- 2 κουταλάκια του γλυκού σιρόπι σφενδάμου
- ½ κουταλάκι του γλυκού επιτραπέζιο αλάτι
- ⅛ κουταλάκι του γλυκού πιπέρι
- 1½ κιλό baby pattypan squash κομμένο κατά το ήμισυ οριζόντια
- 4 στάχυα, κουκούτσια κομμένα από το στάχυ
- 1 κιλό ώριμες ντομάτες, χωρίς τον πυρήνα, κομμένες σε φέτες πάχους ½ ίντσας και κομμένες στη μέση σταυρωτά
- 1 φλιτζάνι χόρτα πικραλίδα, κομμένα και κομμένα
- 2 κουταλιές της σούπας καβουρδισμένους ηλιόσπορους
- Το αγαπημένο σας πέστο με μειωμένα λιπαρά και χωρίς λάδι

ΟΔΗΓΙΕΣ:
a) Χτυπάμε το σιρόπι σφενδάμου, το αλάτι και το πιπέρι.
b) Προσθέστε τη σκουός και το καλαμπόκι και ανακατέψτε.
c) Απλώστε τα λαχανικά σε μια στρώση σε ένα ζεστό φύλλο, στρώνοντας τα κολοκυθάκια με την κομμένη πλευρά προς τα κάτω.

d) Ψήνετε μέχρι να ροδίσει και να μαλακώσει η κομμένη πλευρά της κολοκύθας, για 15 με 18 λεπτά.

e) Μεταφέρετε το τηγάνι στη σχάρα και αφήστε το να κρυώσει ελαφρά για περίπου 15 λεπτά.

f) Συνδυάστε το ψητό σκουός και το καλαμπόκι, το μισό από το πέστο, τις ντομάτες και τα χόρτα πικραλίδας σε ένα μεγάλο μπολ και ανακατέψτε απαλά να ενωθούν.

g) Περιχύστε με το υπόλοιπο πέστο και πασπαλίστε με ηλιόσπορο, εάν χρησιμοποιείτε.

35. Φριτέζα αέρα Πατάτες λάιμ

Κάνει: 2

ΣΥΣΤΑΤΙΚΑ:
- 1 κουταλιά της σούπας χυμό λεμονιού
- 2 πατάτες καθαρισμένες και κομμένες σε κύβους
- 1 κουταλιά της σούπας δεντρολίβανο, ψιλοκομμένο
- ½ φλιτζάνι ζωμό λαχανικών
- Ρίξε μαύρο πιπέρι για γεύση

ΟΔΗΓΙΕΣ:
a) Ρίχνουμε όλα τα υλικά.
b) Ρυθμίστε τη θερμοκρασία στους 400 F και τηγανίστε στον αέρα στο καλάθι της φριτέζας για 15 λεπτά.

36. Πατάτες φούρνου χωρίς λάδι

Κάνει: 4 μερίδες

ΣΥΣΤΑΤΙΚΑ:
- 6 μικρές πατάτες ρουσέτ ή κόκκινες, βρασμένες και κομμένες σε κύβους
- αλάτι & πιπέρι για γεύση

ΟΔΗΓΙΕΣ
a) Προθερμάνετε το φούρνο σας στους 450°F και στρώστε ένα ταψί με λαδόκολλα.
b) Τα απλώνουμε ομοιόμορφα στο ταψί.
c) Πασπαλίστε τις βρασμένες πατάτες με αλάτι και πιπέρι και βάλτε το ταψί στο φούρνο στη μεσαία σχάρα και ψήστε για 35 λεπτά ή μέχρι οι πατάτες να αρχίσουν να παίρνουν αφρώδεις και καφέ χρώμα.
d) Αν σας αρέσουν οι πατάτες σας λίγο πιο σκούρες και πιο τραγανές αφήστε τις να ψηθούν για 10 ή 15 λεπτά επιπλέον.
e) Βγάζουμε από το φούρνο και σερβίρουμε.

37. Τραγανές ψητές πατάτες χωρίς λάδι

Κάνει: 6

ΣΥΣΤΑΤΙΚΑ:
- 2 κιλά πατάτες, καθαρισμένες και κομμένες σε κύβους
- 3 κουταλιές σιμιγδαλένιο αλεύρι
- ½ φλιτζάνι aquafaba
- Υγρό από την κονσέρβα με ρεβίθια
- Αλας
- Καρύκευμα

ΟΔΗΓΙΕΣ
a) Προθερμάνετε το φούρνο στους 450 F.
b) Στρώνουμε ένα ταψί με λαδόκολλα.
c) Φέρτε τις πατάτες σε βράση, περίπου 6 λεπτά, μέχρι να μπορέσετε να ρίξετε ένα πιρούνι, αλλά να κρατήσουν το σχήμα τους.
d) Στραγγίζουμε σε τρυπητό και αφήνουμε στην άκρη να κρυώσει.
e) Όταν οι πατάτες κρυώσουν αρκετά, ανακατέψτε σε ένα μπολ με σιμιγδάλι, αλάτι και καρυκεύματα. Ακουμπήστε στο ταψί

f) Ψήνουμε για 25 λεπτά πριν το αναποδογυρίσουμε και το ψήνουμε για άλλα 20 λεπτά.

38. Steam ed πατάτες με μπρόκολο

Κάνει 4 μερίδες

ΣΥΣΤΑΤΙΚΑ:
- 1 ½ κιλό πατάτες με το χέρι
- 4 φλιτζάνια μπουκίτσες μπρόκολου
- 3 σκελίδες σκόρδο, ψιλοκομμένες
- 1/4 κουταλάκι του γλυκού τριμμένο κόκκινο πιπέρι
- Δοχείο 15,5 ουγγιών λευκά φασόλια, στραγγισμένα και ξεπλυμένα
- 1 κουταλάκι του γλυκού αποξηραμένο αλμυρό
- Αλάτι και φρεσκοτριμμένο μαύρο πιπέρι
- 1 κουταλιά της σούπας φρέσκο χυμό λεμονιού

ΟΔΗΓΙΕΣ:
α) Βράζουμε τις πατάτες στον ατμό μέχρι να μαλακώσουν, περίπου 20 λεπτά. Αφήνω στην άκρη.

b) Βράζουμε το μπρόκολο στον ατμό μέχρι να γίνει τραγανό, περίπου 7 λεπτά. Αφήνω στην άκρη.

c) Σε ένα μεγάλο τηγάνι ζεσταίνουμε 2 κουταλιές της σούπας νερό. Προσθέστε το σκόρδο, και την ψιλοκομμένη κόκκινη πιπεριά.

d) Προσθέστε τις πατάτες στον ατμό και το μπρόκολο.

e) Προσθέτουμε τα φασόλια και το αλμυρό και αλατοπιπερώνουμε κατά βούληση.

f) Μαγειρέψτε μέχρι να ζεσταθεί, περίπου 5 λεπτά.

g) Περιχύστε με χυμό λεμονιού.

39. ΦΟΥΡΝΟΣ ΜΙΚΡΟΚΥΜΑΤΩΝ Πατάτες κάρι

Κάνει: 4 μερίδες

ΣΥΣΤΑΤΙΚΑ:
- 2 κιλά κηρώδεις πατάτες, ξεπλυμένες και τριμμένες
- 3 ½ ουγγιά ασκαλώνια, ψιλοκομμένα
- Αλατοπίπερο
- ⅔ φλιτζάνι ζωμό λαχανικών
- 1 ½ κουταλάκι του γλυκού σκόνη κάρυ
- 3 ουγγιές παρμεζάνα φυτικής προέλευσης, τριμμένη

ΟΔΗΓΙΕΣ:
a) Βάλτε τα ασκαλώνια και το μπέικον σε ένα οβάλ πιάτο Pyrex και στο φούρνο μικροκυμάτων, ακάλυπτα, στο High για 3 λεπτά. Πασπαλίζουμε το μείγμα με αλάτι και πιπέρι και προσθέτουμε τις πατάτες.
b) Ανακατεύουμε καλά και περιχύνουμε με το ζωμό.
c) Σκεπάζουμε και ψήνουμε σε υψηλή θερμοκρασία για 12 λεπτά.
d) Ανακατεύουμε τη σκόνη κάρυ και το τυρί φυτικής παρμεζάνας και πασπαλίζουμε πάνω από το μείγμα της πατάτας.

ε) Φούρνο μικροκυμάτων, ακάλυπτο, στο High για 2 λεπτά.

40. Σαλάτα καρότο, σπανάκι & αμύγδαλο

Κάνει: 2

ΣΥΣΤΑΤΙΚΑ:
- 1 ματσάκι φύλλα baby σπανάκι
- 1 καρότο
- ¼ κόκκινο λάχανο, ψιλοκομμένο
- 2 φρέσκα κρεμμυδάκια, κομμένα κατά μήκος
- Μια χούφτα αμύγδαλα, κομμένα σε φέτες
- 1 σκελίδα σκόρδο, ψιλοκομμένη
- ¼ γκρέιπφρουτ
- ½ λεμόνι

ΟΔΗΓΙΕΣ:
a) Ρίξτε όλα τα υλικά σε μια σαλατιέρα .
b) Ντύστε με λεμόνι.

41. Σαλάτα με βότανα με μαρούλι και σπανάκι

Κάνει: 3-4

ΣΥΣΤΑΤΙΚΑ:
- Αρνιά φύλλα μαρούλι, σκισμένα
- Μαρούλι Romaine, σκισμένο
- 1 ματσάκι φύλλα baby σπανάκι
- Φρέσκος κόλιανδρος
- Φρέσκος μαϊντανός
- Μάραθο
- 2 φρέσκα κρεμμυδάκια, κομμένα σε φέτες
- ½ χυμός λεμονιού

ΟΔΗΓΙΕΣ:
a)   Ανακατεύουμε όλα τα υλικά σε ένα μπολ ανάμειξης.

42. Σαλάτα με σπανάκι, ρόκα και αβοκάντο

Κάνει: 3-4

ΣΥΣΤΑΤΙΚΑ:
- 250 γρ baby σπανάκι
- 1 κρεμμύδι
- ½ αβοκάντο ψιλοκομμένο
- Χυμό από ½ λεμόνι
- 1 χούφτα ρουκέτα
- Αλάτι Ιμαλαΐων & μαύρο πιπέρι

ΟΔΗΓΙΕΣ:

a) Πλένουμε καλά όλα τα χόρτα και τα βάζουμε σε μια μεγάλη πιατέλα σαλάτας.

b) Κόβουμε σε λεπτές φέτες το κόκκινο κρεμμύδι, ψιλοκόβουμε το αβοκάντο και ανακατεύουμε τα φύλλα μαζί. Κάντε το αβοκάντο αρκετά τραχύ, ώστε να γίνει συστατικό του ντρέσινγκ και να καλύψει εν μέρει τα φύλλα.

c) Περιχύστε τη σαλάτα με το χυμό λεμονιού.

d) Αλατοπιπερώνουμε.

43. Σαλάτα χιονιού, κουκουνάρι & σπαράγγια σαλάτα

Κάνει: 2

ΣΥΣΤΑΤΙΚΑ:
- 2 φλιτζάνια αρακά χιονιού
- 1 ματσάκι φρέσκα σπαράγγια
- ½ πακέτο φύτρα φρέσκων φασολιών
- 1 φλιτζάνι σπανάκι
- Ένα πασπάλισμα με κουκουνάρι

ΟΔΗΓΙΕΣ:
a) Βράζετε στον ατμό τα σπαράγγια και τον αρακά για 3-6 λεπτά σε χαμηλή φωτιά.
b) Συνδυάστε τα σπαράγγια και τον αρακά με μια πρέζα αλάτι και πιπέρι.
c) Περιχύστε φρέσκο χυμό λεμονιού πάνω από τη σαλάτα.

44. Σαλάτα με χόρτα και σπόρους

Κάνει: 3-4

ΣΥΣΤΑΤΙΚΑ:
- 100 γρ τόφου
- 1 χούφτα φύλλα ρόκας
- 1 ματσάκι μαρούλι cos
- 1 χούφτα αρνίσιο μαρούλι
- 2 ματσάκια baby σπανάκι
- ½ κουτί ρεβίθια
- 1 αβοκάντο
- 1 χούφτα σπόρους & ξηρούς καρπούς
- 6 ντοματίνια
- ½ αγγούρι
- 1 μερίδα κινόα, μαγειρεμένη
- ½ πράσινη ή κόκκινη πιπεριά
- Λεμόνι
- Αλάτι Ιμαλαΐων & μαύρο πιπέρι

ΟΔΗΓΙΕΣ:

a) Τηγανίζουμε ελαφρά το τόφου σε αμυγδαλέλαιο.
b) Ανακατέψτε τα όλα μαζί.

45. Φασολάκια

Κάνει: 4

ΣΥΣΤΑΤΙΚΑ:
- 11 ουγκιές. φασολάκια
- 1 κουταλιά της σούπας κρεμμύδι σε σκόνη
- ½ κουταλάκι του γλυκού αλάτι
- ¼ κουταλάκι του γλυκού νιφάδες κόκκινης πιπεριάς

ΟΔΗΓΙΕΣ:
a) Πλένουμε καλά τα φασολάκια και τα βάζουμε στο μπολ.
b) Πασπαλίστε τα πράσινα φασόλια με σκόνη λιονταριού, αλάτι και τσίλι.
c) Ανακινήστε προσεκτικά τα πράσινα φασόλια.
d) Προθερμάνετε το ψυγείο αέρα 400F.
e) Τοποθετήστε τα πράσινα φασόλια στη φριτέζα και μαγειρέψτε για 8 λεπτά.

f) Στη συνέχεια, ανακινήστε τα πράσινα φασόλια και μαγειρέψτε τα για 4 λεπτά ή περισσότερο στους 400 F.

ΣΟΥΠΑ ΚΑΙ ΤΣΙΛΙ

46. Ψητή σούπα ντομάτας

Κάνει: 6

ΣΥΣΤΑΤΙΚΑ:
- 3 κιλά ντομάτες κομμένες στη μέση
- 6 σκόρδα (τριμμένα)
- Αλάτι για γεύση
- ¼ φλιτζάνι κρέμα γάλακτος (προαιρετικά)
- Φέτες φρέσκου βασιλικού για γαρνίρισμα

ΟΔΗΓΙΕΣ:
a) Φούρνος σε μέτρια θερμοκρασία περίπου 427f, προθερμαίνουμε τον φούρνο.
b) Στον κάδο του μίξερ ανακατεύουμε τις ντομάτες κομμένες στη μέση, το σκόρδο, αλάτι και πιπέρι
c) Απλώνουμε το μείγμα της ντομάτας στο ήδη έτοιμο ταψί
d) Για μια διαδικασία 20-28 λεπτών, ψήνουμε και ανακατεύουμε
e) Στη συνέχεια, αφαιρέστε το από το φούρνο και τα ψητά λαχανικά πρέπει τώρα να μεταφερθούν σε μια κατσαρόλα

f) Προσθέστε τα φύλλα βασιλικού
g) Ανακατεύουμε σε μικρές μερίδες στο μπλέντερ
h) Σερβίρετε αμέσως

47. Σούπα τσίζμπεργκερ

Κάνει: 4

ΣΥΣΤΑΤΙΚΑ:
- 14,5 oz. μπορεί να ψιλοκόψει ντομάτα
- 1 κιλό 90% άπαχο μοσχαρίσιο κιμά
- ¾ φλιτζάνι σέλινο ψιλοκομμένο
- 2 κουταλάκια του γλυκού σάλτσα Worcestershire
- 3 φλιτζάνια ζωμό κοτόπουλου με χαμηλή περιεκτικότητα σε νάτριο
- ¼ κουταλάκι του γλυκού αλάτι
- 1 κουταλάκι του γλυκού αποξηραμένος μαϊντανός
- 7 φλιτζάνια baby σπανάκι
- ¼ κουταλάκι του γλυκού αλεσμένο πιπέρι
- 4 ουγκιές. τριμμένο τυρί τσένταρ με μειωμένα λιπαρά

ΟΔΗΓΙΕΣ:

a) Πάρτε μια μεγάλη κατσαρόλα και μαγειρέψτε το μοσχάρι μέχρι να ροδίσει.
b) Προσθέτουμε το σέλινο και σοτάρουμε μέχρι να μαλακώσει.
c) Αποσύρουμε από τη φωτιά και στραγγίζουμε το περιττό υγρό. Προσθέστε το ζωμό, τις ντομάτες, τον μαϊντανό, τη σάλτσα Worcestershire, το πιπέρι και το αλάτι.
d) Σκεπάζουμε με το καπάκι και αφήνουμε να σιγοβράσει σε χαμηλή φωτιά για περίπου 20 λεπτά.
e) Προσθέστε το σπανάκι και αφήστε το να ψηθεί μέχρι να μαραθεί σε περίπου 1-3 λεπτά.
f) Γεμίστε κάθε μερίδα σας με 1 ουγγιά τυρί.

48. Γρήγορη τσίλι φακής

Κάνει: 10

ΣΥΣΤΑΤΙΚΑ:
- 1 ½ φλιτζάνι πιπέρι με σπόρους ή κύβους
- 5 φλιτζάνια ζωμό λαχανικών (θα πρέπει να έχει χαμηλή περιεκτικότητα σε νάτριο)
- 1 κουταλιά της σούπας σκόρδο
- ¼ κουταλάκι του γλυκού φρεσκοτριμμένο πιπέρι
- 1 φλιτζάνι κόκκινες φακές
- 3 γεμιστά κουταλάκια του γλυκού σκόνη τσίλι
- 1 κουταλιά της σούπας αλεσμένο κύμινο

ΟΔΗΓΙΕΣ:
α) Τοποθετήστε την κατσαρόλα σας σε μέτρια φωτιά

b) Συνδυάστε τα κρεμμύδια, τις κόκκινες πιπεριές, το ζωμό λαχανικών με χαμηλή περιεκτικότητα σε νάτριο, το σκόρδο, αλάτι και πιπέρι

c) Μαγειρεύουμε και ανακατεύουμε πάντα μέχρι τα κρεμμύδια να γίνουν πιο διάφανα και να εξατμιστούν όλα τα υγρά. Αυτό θα διαρκέσει περίπου 10 λεπτά.

d) Προσθέστε τον υπόλοιπο ζωμό, το χυμό λάιμ, τη σκόνη τσίλι, τις φακές, το κύμινο και βράστε.

e) Χαμηλώνουμε τη φωτιά σε αυτό το σημείο, το σκεπάζουμε για περίπου 15 λεπτά για να σιγοβράσουν μέχρι να ψηθούν σωστά οι φακές

f) Αν το μείγμα φαίνεται να είναι πηχτό, ρίξτε λίγο νερό.

g) Το τσίλι θα γίνει κατάλληλα όταν απορροφηθεί το μεγαλύτερο μέρος του νερού.

h) Σερβίρουμε και απολαμβάνουμε.

49. Κρεμώδης σούπα κουνουπιδιού

Κάνει: 6

ΣΥΣΤΑΤΙΚΑ:
- 5 φλιτζάνια ρύζι κουνουπίδι
- 8 ουγγιές. τυρί τσένταρ, τριμμένο
- 2 φλιτζάνια γάλα αμυγδάλου χωρίς ζάχαρη
- 2 φλιτζάνια ζωμός λαχανικών
- 2 κουταλιές της σούπας νερό
- 2 σκελίδες σκόρδο, ψιλοκομμένες

ΟΔΗΓΙΕΣ:
a) Βράζουμε το σκόρδο σε λίγο νερό για 1-2 λεπτά.
b) Προσθέστε το ρύζι κουνουπίδι και το νερό.
c) Σκεπάζουμε και μαγειρεύουμε για 5-7 λεπτά.
d) Τώρα προσθέστε ζωμό λαχανικών και γάλα αμυγδάλου και ανακατέψτε καλά.
e) Αφήστε να πάρει μια βράση.
f) Χαμηλώνουμε τη φωτιά και σιγοβράζουμε για 5 λεπτά.

g) Κλείστε τη φωτιά.
h) Προσθέστε σιγά σιγά το τυρί τσένταρ και ανακατέψτε μέχρι να ομογενοποιηθεί.
i) Καρυκεύουμε τη σούπα με πιπέρι και αλάτι.
j) Ανακατεύουμε καλά και σερβίρουμε ζεστό.

50. Cr o ckpot Chicken Taco Soup

Κάνει: 6

ΣΥΣΤΑΤΙΚΑ:
- 2 κατεψυγμένα στήθη κοτόπουλου χωρίς κόκαλα
- 2 κουτιά λευκά φασόλια ή μαύρα φασόλια
- 1 κουτί ντομάτες σε κύβους
- ½ πακέτο καρυκεύματα taco
- ½ κουταλάκι του γλυκού αλάτι σκόρδο
- 1 φλιτζάνι ζωμό κότας
- Αλάτι και πιπέρι για να γευτείς
- Τσιπς τορτίγιας, κρέμα τυριού και κόλιαντρο ως επικάλυψη

ΟΔΗΓΙΕΣ:
a) Βάλτε το κατεψυγμένο κοτόπουλο σας στην κατσαρόλα και τοποθετήστε και τα υπόλοιπα υλικά στην πισίνα.
b) Αφήνουμε να ψηθεί για περίπου 6-8 ώρες.
c) Αφού ψηθεί, βγάζουμε το κοτόπουλο και το κόβουμε στο μέγεθος που θέλουμε.

d) Τέλος, τοποθετήστε το ψιλοκομμένο κοτόπουλο στο κατσαρολάκι και βάλτε το σε μια αργή κουζίνα. Ανακατεύουμε και αφήνουμε να ψηθεί.

e) Μπορείτε επίσης να προσθέσετε περισσότερα φασόλια και ντομάτες για να βοηθήσετε το κρέας να τεντώσει και να γίνει πιο νόστιμο.

51. Φακές ελαφρύ στιφάδο

Κάνει: 4-6 μερίδες

ΣΥΣΤΑΤΙΚΑ:
- 250 γραμμάρια καφετιές φακές
- 1 κολοκυθάκι
- 2 καρότα
- 1 κρεμμύδι
- 1 σκελίδα σκόρδο
- 1 φύλλο δάφνης
- 2 ντοματίνια μικρά κλαδιά
- 1 κομμάτι τζίντζερ
- 2 κλωναράκια κόλιανδρο ή μαϊντανό
- Αλατοπίπερο

ΟΔΗΓΙΕΣ:
α) Ετοιμάστε τα λαχανικά. Αρχικά, ξεφλουδίζουμε το κρεμμύδι και το σκόρδο και τα ψιλοκόβουμε. Στη συνέχεια, ξεφλουδίστε το τζίντζερ και ψιλοκόψτε το πολύ.

b) Και τέλος, καθαρίζουμε το καρότο, πλένουμε τα κολοκυθάκια, τα αφαιρούμε και τα κόβουμε σε κύβους.

c) Ζεσταίνουμε λίγο νερό σε μια κατσαρόλα, προσθέτουμε το μισό κρεμμύδι και το σκόρδο και μαγειρεύουμε για περίπου 3 ή 4 λεπτά περίπου.

d) Στη συνέχεια προσθέτουμε το τζίντζερ, τη δάφνη, το καρότο και τα κολοκυθάκια και σοτάρουμε λίγο.

e) Αφού σοτάρουμε τα λαχανικά προσθέτουμε τις φακές.

f) Καλύψτε με ¾ του λίτρου (750 ml) νερό και μαγειρέψτε σε χαμηλή φωτιά για 45 λεπτά μέχρι να μαλακώσουν οι φακές και κρατήστε το.

ΣΥΝΑΡΜΟΛΟΓΗΣΤΕ ΤΟ ΠΙΑΤΟ

g) Τέλος πλένουμε τις ντομάτες και τις ψιλοκόβουμε. Τα ανακατεύουμε με το υπόλοιπο κρεμμύδι και το σκόρδο και τα αλατοπιπερώνουμε και το υπόλοιπο λάδι. Χωρίζουμε τις φακές σε 4 μπολ ή μπολ και προσθέτουμε το χασίς ντομάτας και μερικά φύλλα κόλιανδρου ή μαϊντανού.

h) Και αν θέλετε μια φρέσκια και εξαιρετικά γρήγορη εκδοχή, αντί να μαγειρέψετε τις φακές, μπορείτε να τις αγοράσετε ήδη μαγειρεμένες και να φτιάξετε μια σαλάτα.

i) Πρέπει να σοτάρετε λίγο τα λαχανικά, αλλά όχι πολύ για να παραμείνουν al dente. Και τα ανακατεύουμε με τις φακές που έχουν ήδη ψηθεί και στραγγιστεί, και το χασίς ντομάτας.

52. Σούπα λαχανικών και κινόα

Φτιάχνει: 2 μερίδες

ΣΥΣΤΑΤΙΚΑ:
- 1 μεγάλο κολοκυθάκι
- 2 μέτρια καρότα
- ½ μαντιοκίνια
- 4 μπουκίτσες κουνουπιδιού
- ½ ντομάτα
- 4 ποτήρια νερό
- 1 κρεμμύδι
- 3 κουταλιές της σούπας κινόα
- Αλας

ΟΔΗΓΙΕΣ:
a) Μαγειρέψτε τα πάντα σε νερό και αλάτι, κολοκυθάκια, καρότα, mandioquinha, κουνουπίδι, ντομάτες και κρεμμύδια.
b) Όταν όλα ψηθούν, ήρθε η ώρα να προσθέσετε την κινόα με κοπάδι.

c) Αποσύρουμε από τη φωτιά και σερβίρουμε αμέσως.

53. Σούπα αδυνατίσματος με κοτόπουλο και φασόλια

Κάνει: 8

ΣΥΣΤΑΤΙΚΑ:
- 200 γρ στήθος κοτόπουλου
- Αλας
- 1 μεγάλο κρεμμύδι ψιλοκομμένο
- 2 σκελίδες σκόρδο, ψιλοκομμένες
- 2 φλιτζάνια ντοματίνια ψιλοκομμένα
- 2 καρότα ψιλοκομμένα
- 1 πράσινη πιπεριά ψιλοκομμένη
- 1 πιπεριά ψιλοκομμένη
- 1 κουταλιά της σούπας τσίλι σε σκόνη
- 1 ½ κουταλάκι του γλυκού κύμινο
- 1 κουταλάκι του γλυκού κουρκουμά
- 1 κουταλάκι του γλυκού πάπρικα
- ¼ κουταλάκι του γλυκού αποξηραμένη ρίγανη

- 4 φλιτζάνια ζωμό κοτόπουλου με χαμηλή περιεκτικότητα σε νάτριο
- 2 φλιτζάνια καλαμπόκι
- 500 γραμμάρια μαύρα φασόλια πλυμένα και στραγγισμένα
- 1 φλιτζάνι φρέσκο κόλιανδρο
- 1 φλιτζάνι τυρί

ΟΔΗΓΙΕΣ:
a) Μαγειρέψτε το στήθος κοτόπουλου σε ένα τηγάνι γεμάτο με νερό σε μέτρια προς δυνατή φωτιά για 10 έως 15 λεπτά. Κόψτε το.
b) Ρίχνουμε λίγο νερό σε μια μεγάλη κατσαρόλα και ζεσταίνουμε σε μέτρια φωτιά.
c) Προσθέστε το κρεμμύδι και το σκόρδο για περίπου 5 με 8 λεπτά ή μέχρι το κρεμμύδι να γίνει διάφανο.
d) Βάζετε τις ντομάτες, τα καρότα, τις πιπεριές και χτυπάτε να ανακατευτούν καλά στο μπλέντερ ή στον επεξεργαστή τροφίμων.
e) Προσθέστε τα καρυκεύματα και ένα κουταλάκι του γλυκού στο τηγάνι του βήματος 3. Προσθέστε το ψιλοκομμένο κοτόπουλο, το μείγμα του βήματος 4, το καλαμπόκι, τα φασόλια και 2/4 του φλιτζανιού κόλιανδρο. Αν βρείτε τη σούπα πολύ πηχτή, βάλτε νερό.
f) Μαγειρέψτε με το τηγάνι μερικώς καλυμμένο για 30 λεπτά έως μία ώρα, μέχρι το καλαμπόκι να παραμείνει μαλακό.
g) Σερβίρουμε τη σούπα γαρνίροντας με το τυρί και τον υπόλοιπο κόλιανδρο.

54. Πατάτες και ζωμός

Κάνει: 6

ΣΥΣΤΑΤΙΚΑ
- 2 κιλά νέες πατάτες
- 6 φλιτζάνια νερό
- 6 μπουγιόν μοσχαρίσιο

ΟΔΗΓΙΕΣ:
a) Προσθέστε τις πατάτες στο νερό που βράζει.
b) Προσθέστε το ζωμό και μαγειρέψτε σε χαμηλή φωτιά για 1 ώρα.

55. Σούπα κουνουπιδιού με χρυσό κουρκουμά

Κάνει: 4

ΣΥΣΤΑΤΙΚΑ
- 3 σκελίδες σκόρδο, ψιλοκομμένες
- 3 κουταλιές της σούπας σταφυλέλαιο
- ⅛ κουταλιές της σούπας θρυμματισμένες νιφάδες κόκκινης πιπεριάς
- 1 κουταλιά της σούπας κουρκουμά
- ¼ φλιτζάνι πλήρες γάλα καρύδας
- 6 φλιτζάνια λουλούδια κουνουπιδιού
- 1 κουταλιά της σούπας κύμινο σε σκόνη
- 1 βολβό κρεμμύδι ή μάραθο, ψιλοκομμένο
- 3 φλιτζάνια ζωμό λαχανικών

ΟΔΗΓΙΕΣ:
α)   Ανακατεύουμε και μαγειρεύουμε σε χαμηλή φωτιά για 1 ώρα.

56. κροκποτ hangover

Κάνει: 6

ΣΥΣΤΑΤΙΚΑ
- 16-ουγγιά μπορεί να ξινολάχανο? ξεπλυμένα
- 2 φέτες μπέικον, ψημένες
- 4 φλιτζάνια ζωμό βοδινού
- ½ κιλό πολωνικό λουκάνικο. κομμένο σε φέτες και ψημένο
- 1 κρεμμύδι? ψιλοκομμένο
- 1 κουταλάκι του γλυκού σπόροι κύμινο
- 2 ντομάτες? ψιλοκομμένο
- 1 πιπεριά? ψιλοκομμένο
- 2 κοτσάνια σέλινο? κομμένο φέτες
- 2 κουταλάκια του γλυκού πάπρικα
- 1 φλιτζάνι μανιτάρια, κομμένα σε φέτες
- ½ φλιτζάνι κρέμα γάλακτος

ΟΔΗΓΙΕΣ:
a) Ανακατεύουμε τα υλικά σε ένα κατσαρολάκι.
b) Μαγειρέψτε για 1 ώρα σε χαμηλή θερμοκρασία.

57. Γερμανική σούπα πατάτας

Κάνει: 6

ΣΥΣΤΑΤΙΚΑ :
- 6 φλιτζάνια νερό
- 3 φλιτζάνια πατάτες καθαρισμένες σε κύβους
- 1 ¼ φλιτζάνι σέλινο σε φέτες
- ½ κουταλάκι του γλυκού αλάτι
- ½ φλιτζάνι κρεμμύδι, κομμένο σε κύβους
- ⅛ κουταλάκι του γλυκού πιπέρι

ΣΤΑΓΟΝΑ ΚΕΦΤΕΔΑΣ:
- ½ κουταλάκι του γλυκού αλάτι
- 1 αυγό χτυπημένο
- ⅓ φλιτζάνι νερό
- 1 φλιτζάνι αλεύρι για όλες τις χρήσεις

ΟΔΗΓΙΕΣ:
α) Ανακατέψτε τα πρώτα 6 υλικά χρησιμοποιώντας ένα κατσαρολάκι και μαγειρέψτε σε χαμηλή φωτιά για περίπου 1 ώρα μέχρι να μαλακώσουν.

b) Αφαιρούμε και πολτοποιούμε τα λαχανικά
c) ΓΙΑ ΤΑ ΤΟΥΡΟΥΛΙΑ:
d) Ανακατεύουμε το αλεύρι, το νερό, το αλάτι και το αυγό.
e) Ρίξτε πάνω στη ζεστή σούπα.
f) Μαγειρέψτε για περίπου 15 λεπτά.

58. Tofu Stir Fry με στιφάδο σπαράγγι

Κάνει: 4

ΣΥΣΤΑΤΙΚΑ:
- 1 κιλό σπαράγγια, κομμένα στελέχη
- 2 τεμάχια τόφου, πιεσμένα και κομμένα σε κύβους
- 2 σκελίδες σκόρδο, ψιλοκομμένες
- 1 κουταλάκι του γλυκού μείγμα μπαχαρικών Cajun
- 1 κουταλάκι του γλυκού μουστάρδα
- 1 πιπεριά, ψιλοκομμένη
- ¼ φλιτζάνι ζωμό λαχανικών
- Αλάτι και μαύρο πιπέρι, για γεύση

ΟΔΗΓΙΕΣ:
α) Χρησιμοποιώντας μια τεράστια κατσαρόλα με ελαφρώς αλατισμένο νερό, τοποθετήστε τα σπαράγγια και μαγειρέψτε μέχρι να μαλακώσουν για 10 λεπτά. διοχετεύω.

b) Βάζουμε ένα γουόκ σε δυνατή φωτιά και ζεσταίνουμε λίγο νερό. ανακατεύουμε με κύβους τόφου και μαγειρεύουμε για 6 λεπτά.

c) Βάλτε το σκόρδο και μαγειρέψτε για 30 δευτερόλεπτα μέχρι να μαλακώσει.

d) Ανακατέψτε τα υπόλοιπα υλικά, συμπεριλαμβανομένων των κρατημένων σπαραγγιών, και μαγειρέψτε για άλλα 4 λεπτά.

e) Μοιράζουμε στα πιάτα και σερβίρουμε.

59. Σούπα με κρέμα ντομάτας με θυμάρι

Κάνει: 6

ΣΥΣΤΑΤΙΚΑ:
- 2 κουταλιές της σούπας γκι
- ½ φλιτζάνι ωμά καρύδια κάσιους, κομμένα σε κύβους
- 2 (28 oz.) κουτιά ντομάτες
- 1 κουταλάκι φρέσκο θυμάρι + επιπλέον για γαρνίρισμα
- 1 ½ φλιτζάνι νερό
- Αλάτι και μαύρο πιπέρι για γεύση

ΟΔΗΓΙΕΣ:
a) Βράζουμε το γκι σε μια κατσαρόλα σε μέτρια φωτιά και σοτάρουμε τα κρεμμύδια για 4 λεπτά μέχρι να μαλακώσουν.
b) Ρίχνουμε τις ντομάτες, το θυμάρι, το νερό, τα κάσιους και αλατοπιπερώνουμε.
c) Σκεπάζουμε και αφήνουμε να σιγοβράσει για 10 λεπτά μέχρι να ψηθεί καλά.

d) Ανοίγουμε, σβήνουμε τη φωτιά και κάνουμε πουρέ τα υλικά με ένα μπλέντερ.
e) Προσαρμόζουμε στη γεύση και ανακατεύουμε με την παχύρρευστη κρέμα.
f) Ρίξτε ένα κουτάλι σε μπολ σούπας και σερβίρετε.

60. Μανιτάρια & Jalapeño Stew

Κάνει: 4

ΣΥΣΤΑΤΙΚΑ:
- 1 φλιτζάνι πράσα, ψιλοκομμένα
- 1 σκελίδα σκόρδο, ψιλοκομμένη
- ½ φλιτζάνι κοτσάνια σέλινου, ψιλοκομμένα
- ½ φλιτζάνι καρότα, ψιλοκομμένα
- 1 πράσινη πιπεριά, ψιλοκομμένη
- 1 πιπεριά jalapeño, ψιλοκομμένη
- 2 ½ φλιτζάνια μανιτάρια, κομμένα σε φέτες
- 1 ½ φλιτζάνι ζωμός λαχανικών
- 2 ντομάτες, ψιλοκομμένες
- 2 κλωναράκια θυμάρι, ψιλοκομμένα
- 1 κλωναράκι δεντρολίβανο, ψιλοκομμένο
- 2 φύλλα δάφνης
- ½ κουταλάκι του γλυκού αλάτι

- ¼ κουταλάκι του γλυκού αλεσμένο μαύρο πιπέρι
- 2 κουταλιές της σούπας ξύδι

ΟΔΗΓΙΕΣ:

a) Βάζουμε μια κατσαρόλα σε μέτρια φωτιά και ζεσταίνουμε το λάδι.
b) Προσθέστε το σκόρδο και το πράσο και σοτάρετε μέχρι να μαλακώσουν και να γίνουν διάφανα.
c) Προσθέστε το μαύρο πιπέρι, το σέλινο, τα μανιτάρια και τα καρότα.
d) Μαγειρέψτε καθώς ανακατεύετε για 12 λεπτά. ανακατεύετε με μια πιτσιλιά ζωμού λαχανικών για να βεβαιωθείτε ότι δεν κολλάει.
e) Ανακατεύουμε με τα υπόλοιπα υλικά.
f) Ρυθμίστε τη θερμότητα σε μέτρια. αφήστε το να σιγοβράσει για 25 με 35 λεπτά ή μέχρι να ψηθεί.
g) Μοιράζουμε σε ατομικά μπολ και σερβίρουμε ζεστό.

61. Σούπα κουνουπιδιού

Κάνει: 4

ΣΥΣΤΑΤΙΚΑ:
- 1 κουταλάκι του γλυκού σκόρδο, ψιλοκομμένο
- 1 κιλό κουνουπίδι, κομμένο σε μπουκίτσες
- 1 φλιτζάνι λάχανο, ψιλοκομμένο
- 4 φλιτζάνια ζωμό λαχανικών
- ½ φλιτζάνι γάλα αμυγδάλου
- ½ κουταλάκι του γλυκού αλάτι
- ½ κουταλάκι του γλυκού νιφάδες κόκκινης πιπεριάς
- 1 κουταλιά της σούπας φρέσκο μαϊντανό ψιλοκομμένο

ΟΔΗΓΙΕΣ:
a) Βάζουμε μια κατσαρόλα σε μέτρια φωτιά και ζεσταίνουμε το λάδι.
b) Προσθέστε το σκόρδο και τα κρεμμύδια και σοτάρετε μέχρι να ροδίσουν και να μαλακώσουν.

c) Τοποθετήστε το σε ζωμό λαχανικών, λάχανο και κουνουπίδι. μαγειρεύουμε για 10 λεπτά μέχρι να πάρει βράση το μείγμα.
d) Προσθέστε τις νιφάδες πιπεριού, το αλάτι και το γάλα αμυγδάλου. χαμηλώνουμε τη φωτιά και σιγοβράζουμε τη σούπα για 5 λεπτά.
e) Μεταφέρετε τη σούπα σε ένα μπλέντερ και ανακατεύετε για να πετύχετε την επιθυμητή συνοχή. περιχύνουμε με μαϊντανό και σερβίρουμε αμέσως.

62. Κρέμα Καλέ

Κάνει: 4

ΣΥΣΤΑΤΙΚΆ:
- 1 κρεμμύδι, κομμένο σε κύβους
- 4 φλιτζάνια λάχανο
- 1 φλιτζάνι μπουκίτσες μπρόκολου
- 6 φλιτζάνια ζωμό λαχανικών ανάλατο
- 1 κουταλάκι του γλυκού σκόνη σκόρδου
- ½ κουταλάκι του γλυκού θαλασσινό αλάτι
- ¼ κουταλάκι του γλυκού μαύρο πιπέρι, φρεσκοτριμμένο
- Χούφτα Μικροπράσινα
- γάλα καρύδας

ΟΔΗΓΊΕΣ:
a) Σε μια κατσαρόλα ζεσταίνουμε λίγο νερό.
b) Προσθέστε το κρεμμύδι και σοτάρετε μέχρι να μαλακώσει το κρεμμύδι για περίπου 5 λεπτά.
c) Ανακατεύουμε με λάχανο, μπρόκολο, ζωμό λαχανικών, σκόνη σκόρδου, αλάτι και πιπέρι.

d) Σιγοβράζουμε για 15 λεπτά, ανακατεύοντας περιοδικά .
e) Μείγμα όλα μέχρι να ομογενοποιηθούν.
f) Σερβίρισμα με micro χόρτα και γάλα καρύδας.

63. Ρεβύθι και κάρυ λαχανικών

Κάνει: 3

ΣΥΣΤΑΤΙΚΆ:
- Δοχείο 15 ουγγιών ρεβίθια, ξεπλυμένα και στραγγισμένα
- ¼ φλιτζανιού κρεμμύδι, κομμένο σε κύβους
- 4 σκελίδες σκόρδο, λιωμένες
- 2-3 κουταλιές της σούπας νερό
- ½ κουταλάκι του γλυκού αλεσμένο κόλιανδρο
- ½ κουταλάκι του γλυκού αλεσμένο κύμινο
- ½ κουταλάκι του γλυκού αλεσμένος κουρκουμάς
- ¼ κουταλάκι του γλυκού αλεσμένο κάρδαμο
- 1 κομμάτι τζίντζερ, ψιλοκομμένο
- ¼ κουταλάκι του γλυκού αλεσμένη κανέλα
- ⅓ κουταλάκι του γλυκού πιπέρι καγιέν
- ½ φλιτζάνι γάλα καρύδας
- 3 κουταλιές της σούπας βούτυρο αμυγδάλου
- ¾ φλιτζάνι ζωμό λαχανικών
- ½ φλιτζάνι κολοκυθάκια, κομμένα σε φέτες

- ½ φλιτζάνι καρότα, καθαρισμένα και κομμένα σε φέτες
- ½ κόκκινη πιπεριά, ξεσποριασμένη και κομμένη σε φέτες
- ¼ κουταλάκι του γλυκού νιφάδες κόκκινης πιπεριάς, θρυμματισμένες
- Πρέζα αλάτι
- Ρίξε μαύρο πιπέρι
- ¼ φλιτζάνι φρέσκο κόλιανδρο, ψιλοκομμένο
- 1 κουταλάκι του γλυκού χυμό λάιμ

ΟΔΗΓΙΕΣ:

a) Βάζουμε το κρεμμύδι, το τζίντζερ, το σκόρδο και το νερό σε ένα μπλέντερ και πολτοποιούμε μέχρι να ομογενοποιηθούν.
b) Φάτε λίγο νερό σε ένα τηγάνι και μαγειρέψτε τα μπαχαρικά για περίπου 30 δευτερόλεπτα.
c) Σοτάρουμε για 9 λεπτά αφού προσθέσουμε το μείγμα του κρεμμυδιού.
d) Προσθέστε το γάλα καρύδας και το βούτυρο αμυγδάλου και ανακατέψτε καλά.
e) Αυξήστε τη φωτιά σε μέτρια προς υψηλή.
f) Προσθέστε ζωμό, ρεβίθια, λαχανικά, νιφάδες πιπεριού, αλάτι και πιπέρι .
g) Σιγοβράζουμε για 10 λεπτά και μετά προσθέτουμε το χυμό λάιμ και τον κόλιανδρο.

64. Τσίλι με φασόλια και μπρόκολο

Κάνει: 2

ΣΥΣΤΑΤΙΚΆ :
- 1 ματσάκι σπανάκι
- Αλάτι Ιμαλαΐων και φρεσκοτριμμένο μαύρο πιπέρι
- 2 κουταλιές της σούπας πελτέ ντομάτας
- 1 κρεμμύδι, ψιλοκομμένο
- 1 σκελίδα σκόρδο, λιωμένη
- 1 κόκκινο τσίλι, κομμένο σε λεπτές φέτες
- ½ κουταλάκι του γλυκού αλεσμένο κύμινο
- ½ κουταλάκι του γλυκού αλεσμένο κόλιανδρο
- 1 κεφάλι μπρόκολο, ψιλοκομμένο
- 1 κουτί ντομάτες ψιλοκομμένες
- Σφήνες λάιμ, για σερβίρισμα
- ½ κύβο ζωμό λαχανικών χωρίς μαγιά
- Dash Liquid Amino
- 200γρ κονσέρβα κόκκινα φασόλια, στραγγισμένα

ΟΔΗΓΙΕΣ:

a) Ζεσταίνουμε το ζωμό και βράζουμε στον ατμό το κρεμμύδι και το σκόρδο .

b) Προσθέστε τον κύβο ζωμού , τις ντομάτες, τον πουρέ ντομάτας, το τσίλι , το κύμινο, τον κόλιανδρο, τη σάλτσα Aminos, αλάτι και πιπέρι.

c) Σιγοβράζουμε για περίπου 20 λεπτά .

d) Συνδυάστε τα φασόλια και τον φρέσκο κόλιανδρο σε ένα μπολ και μαγειρέψτε για άλλα 9 λεπτά.

e) Συμπληρώστε με ωμό μπρόκολο και σπανάκι.

65. Ταϊλανδικό Πράσινο Κάρυ

Κάνει: 2

ΣΥΣΤΑΤΙΚΑ:
- 1 κουταλάκι του γλυκού πάστα πράσινο κάρυ
- 2 φρέσκα κρεμμυδάκια
- Μπρόκολο
- ¼ κουνουπίδι
- 1 καρότο κομμένο σε φέτες
- 125 ml γάλα καρύδας
- Μια χούφτα κόλιανδρο
- 6 κύβοι από σφιχτό τόφου
- Μεγάλο δάχτυλο τζίντζερ, κομμένο σε φέτες
- 1 ξυλάκι λεμονόχορτο, θρυμματισμένο
- 1-2 τσίλι, κομμένα σε φέτες
- 2 λάιμ, χυμό
- 1 μάτσο bok choy
- Soba noodles

ΟΔΗΓΙΕΣ:

a) Συνδυάστε τσίλι, λάιμ και λεμονόχορτο. Αφήστε στην άκρη να εγχυθεί.

b) Τηγανίστε στον ατμό ασιατικά χόρτα και τόφου με τα άλλα λαχανικά.

c) Προσθέστε το εμποτισμένο τσίλι, το λάιμ και το λεμονόχορτο, καθώς και το γάλα και την πάστα καρύδας.

d) Σιγοβράζουμε απαλά για πέντε λεπτά πριν σερβίρουμε πάνω από soba noodles.

66. Βρασμένα λαχανικά ανακαρδιοειδών

Κάνει: 3

ΣΥΣΤΑΤΙΚΆ:
- 1 ½ φλιτζάνι μπουκίτσες μπρόκολου
- 1 ½ φλιτζάνι μπουκίτσες κουνουπιδιού
- 1 μεγάλο κρεμμύδι σε φέτες
- ¼ κουταλάκι του γλυκού φρέσκο τζίντζερ, τριμμένο
- 2 σκελίδες σκόρδο, ψιλοκομμένες
- Ρίξε αλάτι
- Ρίξε μαύρο πιπέρι
- 2 φλιτζάνια ζωμό λαχανικών
- 1 κιλό κάσιους
- 1 κουταλάκι του γλυκού κύμινο σε σκόνη
- 1 κουταλάκι του γλυκού πιπέρι καγιέν
- 1 κουταλιά της σούπας χυμό λεμονιού, φρεσκοστυμμένο
- 1 κουταλάκι του γλυκού ξύσμα φρέσκου λεμονιού, τριμμένο

ΟΔΗΓΊΕΣ:

a) Σοτάρουμε το κρεμμύδι σε λίγο νερό για 3 περίπου λεπτά.
b) Προσθέστε το σκόρδο, το τζίντζερ και τα μπαχαρικά .
c) Αφήνουμε να πάρει βράση με 1 φλιτζάνι ζωμό.
d) Προσθέστε τα λαχανικά και βράστε ξανά.
e) Μαγειρέψτε, ανακατεύοντας περιοδικά, για 15 έως 20 λεπτά με το καπάκι ανοιχτό.
f) Αποσύρουμε από τη φωτιά αφού προσθέσουμε το χυμό λεμονιού.
g) Σερβίρετε ζεστό με κάσιους και ξύσμα λεμονιού.

67. Μαγειρευτό κολοκυθάκι με φακές και βουτυρόκαρπο

Κάνει: 4

ΣΥΣΤΑΤΙΚΑ:
- 225 γρ καστανές φακές μουλιασμένες
- 2 καστανά κρεμμύδια
- 750 ml ζωμός λαχανικών χωρίς σιτάρι
- 4 καρότα
- ½ κολοκυθάκι βουτύρου
- 1 γλυκοπατάτα
- 2 άσπρες πατάτες
- 1 μπαστουνάκι σέλινο
- Μια χούφτα φρέσκα μπιζέλια κήπου
- Χούφτα νεροκάρδαμο
- 2 κουταλιές της σούπας φρέσκο άνηθο
- 1 κουταλάκι του γλυκού σάλτσα tamari

ΟΔΗΓΙΕΣ:
α) Να φέρεις ζωμό και κρεμμύδια να βράσει σε ένα τηγάνι.

b) Ένα dd φακές, πατάτες, σκουός και καρότο και σιγοβράστε για 15 λεπτά.

c) Ρίξτε μέσα το σέλινο, τον φρέσκο αρακά, τα φύλλα και τον άνηθο.

ΣΑΛΤΣΕΣ

68. Κρεμώδες ντύσιμο με κάσιους Ranch

Κάνει: 6 μερίδες

ΣΥΣΤΑΤΙΚΑ:
- ½ φλιτζάνι ωμά κάσιους μουλιασμένα για 3-4 ώρες ή όλη τη νύχτα
- ½ φλιτζάνι φρέσκο νερό
- 2 κουταλάκια του γλυκού αποξηραμένος άνηθος
- 1 κουταλάκι του γλυκού σκόνη σκόρδου
- 1 κουταλάκι του γλυκού κρεμμύδι σε σκόνη
- ½ κουταλάκι του γλυκού θαλασσινό αλάτι
- πρέζα μαύρο πιπέρι

ΟΔΗΓΙΕΣ

j) Προσθέστε τα μουλιασμένα και στραγγισμένα κάσιους στο μπλέντερ με ½ φλιτζάνι νερό, τον άνηθο, το σκόρδο σε σκόνη, το κρεμμύδι σε σκόνη, αλάτι και πιπέρι.

k) Ανακατεύουμε μέχρι να ομογενοποιηθούν.

69. Vegan Mayo Ranch Dressing

Κάνει: 1½ φλιτζάνια

ΣΥΣΤΑΤΙΚΑ:
- 1 φλιτζάνι vegan μαγιονέζα
- 6 κουταλιές της σούπας νερό
- 2 κουταλάκια του γλυκού μηλόξυδο
- 1 κουταλιά της σούπας αποξηραμένος μαϊντανός
- 1 κουταλάκι σχοινόπρασο ξερό
- 1 κουταλάκι του γλυκού σκόνη σκόρδου
- 1 κουταλάκι του γλυκού κρεμμύδι σε σκόνη
- ½ κουταλάκι του γλυκού αποξηραμένος άνηθος
- αλατοπίπερο

ΟΔΗΓΙΕΣ
α) Προσθέστε όλα τα υλικά σε ένα μπολ και στη συνέχεια χτυπήστε μέχρι να ομογενοποιηθούν.
β) Προσθέστε περισσότερο νερό για να αραιώσει το dressing αν θέλετε.
γ) Φυλάσσετε στο ψυγείο για 1-2 εβδομάδες.

70. Κρεμώδες dressing βαλσάμικο

Φτιάχνει: 1 φλ

ΣΥΣΤΑΤΙΚΑ:
- ½ φλιτζάνι ζωμός λαχανικών
- ¼ φλιτζάνι φρεσκοστυμμένο χυμό λεμονιού
- 2 κουταλιές της σούπας ξύδι βαλσάμικο
- 2 κουταλιές της σούπας μουστάρδα Dijon
- 2 σκελίδες σκόρδο, ψιλοκομμένες
- 1 κουταλιά της σούπας καθαρό σιρόπι σφενδάμου
- 1 κουταλάκι του γλυκού αλάτι
- Τσιμπάμε φρεσκοτριμμένο πιπέρι

ΟΔΗΓΙΕΣ
a) Προσθέστε ζωμό, μπαλσάμικο, χυμό λεμονιού, σκόρδο, Dijon, σιρόπι σφενδάμου αλάτι και πιπέρι σε ένα βαζάκι.
b) Τοποθετήστε το καπάκι σφιχτά και ανακινήστε το.
c) Διατηρείται καλά μέχρι και 5 ημέρες στο ψυγείο.

71. Basil Balsamic Dressing

Κάνει 2 κουταλιές της σούπας

ΣΥΣΤΑΤΙΚΑ:
- 2 κουταλάκια του γλυκού ξύδι βαλσάμικο
- 1 κουταλάκι του γλυκού μουστάρδα Dijon
- 1 κουταλάκι του γλυκού διατροφική μαγιά
- ¼ κουταλάκι του γλυκού αποξηραμένος βασιλικός
- θαλασσινό αλάτι και φρεσκοτριμμένο μαύρο πιπέρι

ΟΔΗΓΙΕΣ
a) Συνδυάστε όλα τα συστατικά με 2 κουταλάκια του γλυκού νερό σε ένα βάζο ή δοχείο Tupperware.
b) Κλείνουμε το καπάκι και ανακινούμε για λίγα δευτερόλεπτα να ανακατευτούν καλά.

72. Φόρεμα βαλσάμικο φράουλα

Κάνει: 4 μερίδες

ΣΥΣΤΑΤΙΚΑ:
- 1 φλιτζάνι φράουλες, ξεπλυμένες και αφαιρούμενα τα κοτσάνια
- ¼ φλιτζάνι βαλσάμικο ξύδι
- ¼ φλιτζάνι νερό
- 1 κουταλιά της σούπας Dijon ή σπιτική μουστάρδα
- 1 σκελίδα σκόρδο, ψιλοκομμένη
- ¼ κουταλάκι του γλυκού αλάτι
- ¼ κουταλάκι του γλυκού πιπέρι

ΟΔΗΓΙΕΣ
a) Προθερμάνετε το φούρνο σας στους 425 F.
b) Στρώνουμε ένα ταψί με αλουμινόχαρτο, διπλώνοντας τις άκρες προς τα πάνω ώστε να δημιουργήσετε ένα μικρό τοίχωμα.
c) Τοποθετήστε τις φράουλες στο φούρνο και ψήστε για 15 λεπτά ή μέχρι να καραμελώσουν.

d) Προσθέστε όλα τα υλικά σε ένα μπλέντερ.
e) Πολτοποιήστε το μείγμα μέχρι να γίνει λείο και ομοιογενές.
f) Σερβίρετε κρύο και διατηρείτε στο ψυγείο.

73. Ξινή κρέμα Chipotle D

Κάνει: 4 μερίδες

ΣΥΣΤΑΤΙΚΑ:
- 1 φλιτζάνι κρέμα γάλακτος με χαμηλά λιπαρά
- 1 chipotle σε adobo
- 2 κουταλιές της σούπας σάλτσα adobo
- 1 σκελίδα σκόρδο
- 1 κλειδί λάιμ, χυμό
- ⅛ κουταλάκια του γλυκού μπουγιόν λαχανικών σε σκόνη

ΟΔΗΓΙΕΣ
a) Σε ένα μπλέντερ, συνδυάστε όλα τα υλικά για το ντρέσινγκ Chipotle.
b) Ανακατεύουμε μέχρι να γίνει εντελώς λείο.

74. Vegan Yogurt Chipotle Dressing

Κάνει: 12 μερίδες

ΣΥΣΤΑΤΙΚΑ:
- 1 ½ φλιτζάνι γιαούρτι φυτικής προέλευσης χωρίς ζάχαρη
- 2 πιπεριές chipotle σε adobo
- 1 κουταλιά της σούπας καπνιστή πάπρικα
- Χυμό από ½ λεμόνι
- 1 σκελίδα σκόρδο
- ½ ασκαλώνιο
- ¼ κουταλάκι του γλυκού αλάτι
- ¼ κουταλάκι του γλυκού μαύρο πιπέρι
- 1 κουταλιά της σούπας φρέσκα κρεμμυδάκια, ψιλοκομμένα

ΟΔΗΓΙΕΣ
a) Προσθέστε όλα τα υλικά εκτός από τα φρέσκα κρεμμυδάκια στο μπλέντερ και ανακατέψτε μέχρι να γίνει κρέμα.
b) Ανακατέψτε τα πράσινα κρεμμυδάκια και προσαρμόστε τα καρυκεύματα στη γεύση.

75. Hummus Caesar

Κάνει: 8 μερίδες

ΣΥΣΤΑΤΙΚΑ:
- ¼ φλιτζάνι vegan χούμους αγορασμένο από το κατάστημα
- 1 κουταλάκι του γλυκού μουστάρδα πικάντικη
- ½ κουταλάκι του γλυκού ξύσμα λεμονιού
- 3 κουταλιές της σούπας χυμό λεμονιού
- 2 κουταλάκια του γλυκού κάπαρη, ψιλοκομμένη, συν χυμό άλμης
- 4 σκελίδες σκόρδο, ψιλοκομμένες
- 1 πρέζα το καθένα θαλασσινό αλάτι + πιπέρι
- 1 κουταλάκι του γλυκού σιρόπι σφενδάμου
- Ζεστό νερό

ΟΔΗΓΙΕΣ

a) Σε ένα μπολ αναμειγνύετε το χούμους, την πικάντικη μουστάρδα, το ξύσμα λεμονιού, το χυμό λεμονιού, την κάπαρη, φέρνοντας το χυμό και το σκόρδο.
b) Χτυπάμε καλά να ενωθούν.
c) Προσθέστε λίγο ζεστό νερό για να αραιώσει μέχρι να χυθεί και χτυπήστε μέχρι να γίνει κρέμα και λείο.
d) Χρησιμοποιήστε το αμέσως ή φυλάξτε το στο ψυγείο για έως και 5-7 ημέρες.

76. Dressing Caesar με Κάσιους

Κάνει: 8 μερίδες

ΣΥΣΤΑΤΙΚΑ:
- 1 φλιτζάνι ωμά κάσιους, μουλιασμένα όλη τη νύχτα
- ¾ φλιτζάνι νερό
- 2 σκελίδες σκόρδο
- 3 κουταλιές της σούπας χυμό λεμονιού
- 1 κουταλιά της σούπας μουστάρδα Dijon
- 1 κουταλιά της σούπας κάπαρη, στραγγισμένη
- 1 κουταλιά της σούπας vegan σάλτσα Worcestershire
- ½ κουταλάκι του γλυκού αλάτι

ΟΔΗΓΙΕΣ
a) Στραγγίζετε τα κάσιους και τα προσθέτετε στο μπλέντερ σας.
b) Προσθέστε τα υπόλοιπα υλικά και ανακατέψτε μέχρι να γίνει πολύ λείο.
c) Ένα ντρέσινγκ διατηρείται έως και 1 εβδομάδα στο ψυγείο.

77. Vegan Tahini Caesar Dressing

Φτιάχνει: 1 φλ

ΣΥΣΤΑΤΙΚΑ:
- 4 σκελίδες σκόρδο
- ½ φλιτζάνι ταχίνι
- ¼ φλιτζάνι φρέσκο χυμό λεμονιού
- 3 κουταλιές της σούπας διατροφική μαγιά
- 2 κουταλιές της σούπας ξύδι από κόκκινο κρασί
- 2 κουταλάκια του γλυκού μουστάρδα Dijon
- 2 κουταλάκια του γλυκού vegan σάλτσα Worcestershire
- 1 κουταλάκι του γλυκού αγαύη
- ½ κουταλάκι του γλυκού αλάτι kosher
- ¼ κουταλάκι του γλυκού φρεσκοτριμμένο μαύρο πιπέρι
- ¼ φλιτζάνι ζεστό νερό

ΟΔΗΓΙΕΣ

a) Στο μπλέντερ ρίχνουμε το σκόρδο, το ταχίνι, το χυμό λεμονιού, τη διατροφική μαγιά, το ξύδι, τη μουστάρδα, το Worcestershire, την αγαύη, το αλάτι, το μαύρο πιπέρι και το χλιαρό νερό.

b) Ανακατεύουμε μέχρι να γίνει πολύ λείο, περίπου 2 λεπτά.

c) Σερβίρουμε αμέσως ή φυλάμε στο ψυγείο για έως και 5 ημέρες.

78. Βινεγκρέτ βαλσάμικο

Κάνει: 4 μερίδες

ΣΥΣΤΑΤΙΚΑ:
- ¼ φλιτζάνι μέλι
- ½ φλιτζάνι βαλσάμικο ξύδι
- ¼ φλιτζάνι ζωμός λαχανικών
- Αλάτι Ιμαλαΐων και μαύρο πιπέρι για γεύση

ΟΔΗΓΙΕΣ
a) Συνδυάστε το βαλσάμικο ξύδι, το ζωμό και το μέλι σε ένα μπολ για να προετοιμάσετε το ντρέσινγκ.
b) Αλατοπιπερώνουμε.

79. Βινεγκρέτ λεμόνι- εστραγκόν

Κάνει: 6 μερίδες

ΣΥΣΤΑΤΙΚΑ:
- ½ φλιτζάνι φρέσκο χυμό λεμονιού
- 1 κουταλάκι του γλυκού ξύσμα λεμονιού τριμμένο
- 2 κουταλιές της σούπας ξύδι από λευκό κρασί
- 1 κουταλιά της σούπας ψιλοκομμένα ασκαλώνια
- 2 κουταλιές της σούπας φρέσκο εστραγκόν ψιλοκομμένο
- 2 κουταλάκια του γλυκού μέλι
- ½ φλιτζάνι ζωμός λαχανικών
- Αλάτι κοσέρ και φρέσκο
- αλεσμένο λευκό πιπέρι

ΟΔΗΓΙΕΣ
a) Σε ένα πιάτο ανακατεύουμε το χυμό λεμονιού, το ξύσμα λεμονιού, το ξύδι, τα ασκαλώνια, το εστραγκόν και το μέλι και ανακατεύουμε με ένα μίξερ χειρός.
b) Ενσωματώνουμε σιγά σιγά τον ζωμό, είτε χτυπώντας με το χέρι είτε χτυπώντας 2 με 3 φορές με το μίξερ χειρός.

c) Η βινεγκρέτ δεν πρέπει να γαλακτωματοποιείται αλλά να παραμένει πολύ ελαφριά στον οργανισμό.
d) Αλατοπιπερώνετε με αλάτι και πιπέρι
e) Φυλάσσετε σκεπασμένο στο ψυγείο για έως και 3 ημέρες.

80. Βινεγκρέτ τζίντζερ

Φτιάχνει ¼ φλ

ΣΥΣΤΑΤΙΚΑ:
- 2 κουταλιές της σούπας ξύδι από κρασί ρυζιού
- 1 κουταλιά της σούπας φρέσκο σχοινόπρασο, κομμένο σε κύβους
- 1 κουταλάκι του γλυκού φρέσκο τζίντζερ, τριμμένο
- ½ κουταλάκι του γλυκού Αλάτι
- ¼ κουταλάκι του γλυκού φρεσκοτριμμένο πιπέρι

ΟΔΗΓΙΕΣ
c) Ανακατέψτε το ξύδι, το σχοινόπρασο, το τζίντζερ, το αλάτι και το πιπέρι σε ένα μικρό πιάτο.
d) Αποθηκεύστε μέχρι να είναι έτοιμο για χρήση.

81. Ξύδι Raspberry

Φτιάχνει: 2 φλ

ΣΥΣΤΑΤΙΚΑ:
- 1/3 φλιτζάνι φρέσκο βατόμουρο
- 1/3 φλιτζάνι μουστάρδα Dijon
- 2 σκελίδες σκόρδο
- 1 ¼ φλιτζάνι ξύδι βαλσάμικο
- 2 κουταλιές της σούπας σιρόπι σφενδάμου
- 3/4 κουταλάκι του γλυκού θαλασσινό αλάτι
- ¼ κουταλάκι του γλυκού μαύρο πιπέρι

ΟΔΗΓΙΕΣ

a) Ανακατεύουμε όλα τα υλικά στο μπλέντερ μέχρι να ανακατευτούν καλά.
b) Προσαρμόστε το σιρόπι σφενδάμου και τα καρυκεύματα στη γεύση.

82. Vegan σάλτσα τυριού ανακαρδίου

Κάνει: 6 μερίδες

ΣΥΣΤΑΤΙΚΑ:
- 1,5 φλιτζάνι Κάσιους μουλιασμένα και μουλιασμένα όλη τη νύχτα
- ¾ φλιτζάνι νερό
- ½ φλιτζάνι θρεπτική μαγιά
- 1 κουταλιά της σούπας μουστάρδα ή μουστάρδα Ντιζόν
- 3 κουταλιές της σούπας χυμό λεμονιού
- 1 κουταλάκι του γλυκού καπνιστή πάπρικα
- ½ κουταλιά της σούπας κουρκουμά
- 1 κουταλιά της σούπας σκόνη σκόρδου
- 1 κουταλάκι του γλυκού Αλάτι
- 3 σκελίδες σκόρδο, καθαρισμένες

ΟΔΗΓΙΕΣ
a) Στραγγίζουμε τα κάσιους και μετά προσθέτουμε όλα τα υλικά στο μπλέντερ.
b) Ανακατεύουμε σε υψηλή θερμοκρασία μέχρι να γίνει κρεμώδες και λείο.

83. Ασιατικό ντύσιμο με νουντλς

Κάνει: 10 μερίδες

ΣΥΣΤΑΤΙΚΑ:
- ¼ φλιτζάνι ζωμός λαχανικών
- ¼ φλιτζάνι ξύδι ρυζιού
- 3 κουταλιές της σούπας νέκταρ αγαύης
- 3 κουταλιές της σούπας φυστικοβούτυρο με μειωμένα λιπαρά
- 2 κουταλιές της σούπας σάλτσα σόγιας με χαμηλή περιεκτικότητα σε νάτριο
- 1 κουταλιά της σούπας σάλτσα πιπεριάς Sriracha
- 1 κουταλιά της σούπας ψιλοκομμένο φρέσκο τζίντζερ
- 2 κουταλάκια του γλυκού ψιλοκομμένο σκόρδο, περίπου 4 σκελίδες
- ¾ φλιτζάνι ψημένα ανάλατα φιστίκια, χοντροκομμένα (προαιρετικά)
- ¾ φλιτζάνι φρέσκο κόλιανδρο ψιλοκομμένο

ΟΔΗΓΙΕΣ

a) Χτυπήστε μαζί το ζωμό, το ξύδι ρυζιού, το νέκταρ αγαύης, το φυστικοβούτυρο με μειωμένα λιπαρά, τη σάλτσα σόγιας, τη Sriracha, το τζίντζερ και το σκόρδο.
b) Συμπληρώστε με φιστίκια (αν χρησιμοποιείτε) και κόλιαντρο.
c) Σερβίρετε παγωμένο ή σε θερμοκρασία δωματίου.

84. Ντρέσινγκ ασιατικής σαλάτας

Κάνει: 8 μερίδες

ΣΥΣΤΑΤΙΚΑ:
- ¼ φλιτζάνι σάλτσα σόγιας με μειωμένο νάτριο
- 2 κουταλιές της σούπας μέλι
- 1 κουταλιά της σούπας ξύδι ρυζιού
- 1 κουταλάκι του γλυκού ψιλοκομμένο σκόρδο
- 1 κουταλάκι του γλυκού τριμμένη ρίζα τζίντζερ
- ½ κουταλάκι του γλυκού θρυμματισμένες νιφάδες κόκκινης πιπεριάς

ΟΔΗΓΙΕΣ
a) Χτυπήστε μαζί τη σάλτσα σόγιας, το μέλι, το ξύδι, το σκόρδο, το τζίντζερ και τις νιφάδες θρυμματισμένης κόκκινης πιπεριάς μαζί σε ένα μεγάλο μπολ ανάμειξης.
b) Προσαρμόστε το σιρόπι σφενδάμου και τα καρυκεύματα στη γεύση.

85. Σάλσα φρέσκιας ντομάτας

Φτιάχνει: 2 φλ

ΣΥΣΤΑΤΙΚΑ:
- 5 ώριμες ντομάτες ρομά ή δαμάσκηνο, ψιλοκομμένες
- 1 σεράνο τσίλι, ξεσποριασμένο και ψιλοκομμένο
- ¼ φλιτζάνι ψιλοκομμένο κόκκινο κρεμμύδι
- 1 σκελίδα σκόρδο, ψιλοκομμένη
- 1 κουταλιά της σούπας κιμά φρέσκο κόλιανδρο
- 1 κουταλιά της σούπας φρέσκο χυμό λάιμ
- ½ κουταλάκι του γλυκού αλάτι

ΟΔΗΓΙΕΣ
a) Σε ένα γυάλινο μπολ ανακατεύουμε όλα τα υλικά και ανακατεύουμε καλά.
b) Σκεπάζουμε και αφήνουμε στην άκρη για 30 λεπτά πριν σερβίρουμε. Εάν δεν το χρησιμοποιήσετε αμέσως, καλύψτε και βάλτε το στο ψυγείο μέχρι να είναι έτοιμο για χρήση.

c) Αυτή η σάλτσα έχει καλύτερη γεύση εάν χρησιμοποιηθεί την ίδια ημέρα παρασκευής, αλλά εάν αποθηκευτεί σωστά, θα διατηρηθεί έως και 2 ημέρες.

86. Πικάντικη σάλτσα μάνγκο και κόκκινου πιπεριού

Κάνει: 2½ φλιτζάνια

ΣΥΣΤΑΤΙΚΑ:
- 1 ώριμο μάνγκο, ξεφλουδισμένο, χωρίς κουκούτσι και κομμένο σε κύβους ¼ ίντσας
- 1/3 φλιτζάνι ψιλοκομμένο κόκκινο κρεμμύδι
- 1 μικρή κόκκινη πιπεριά, ψιλοκομμένη
- 1 μικρό jalapeño, ξεσποριασμένο και ψιλοκομμένο
- 2 κουταλιές της σούπας ψιλοκομμένο φρέσκο μαϊντανό ή κόλιαντρο
- 1 κουταλιά της σούπας φρέσκο χυμό λάιμ
- Αλας

ΟΔΗΓΙΕΣ

α) Σε ένα γυάλινο μπολ ανακατεύουμε όλα τα υλικά, ανακατεύουμε καλά, σκεπάζουμε και αφήνουμε στην άκρη για 30 λεπτά πριν σερβίρουμε. Εάν δεν το χρησιμοποιήσετε αμέσως, βάλτε το στο ψυγείο μέχρι να είναι έτοιμο για χρήση.

b) Αυτή η σάλτσα έχει καλύτερη γεύση εάν χρησιμοποιηθεί την ίδια ημέρα παρασκευής, αλλά εάν αποθηκευτεί σωστά, θα διατηρηθεί έως και 2 ημέρες.

87. Chipotle-Tomato Salsa

Φτιάχνει: 2 φλ

ΣΥΣΤΑΤΙΚΑ:
- 2 ώριμες ντομάτες, ψιλοκομμένες
- 1/3 φλιτζάνι ψιλοκομμένο κόκκινο κρεμμύδι
- 1 κονσέρβα chipotle σε adobo
- ¼ φλιτζάνι ψιλοκομμένο φρέσκο κόλιανδρο
- 2 κουταλιές της σούπας φρέσκο χυμό λάιμ
- ¼ κουταλάκι του γλυκού αλάτι

ΟΔΗΓΙΕΣ
a) Σε ένα γυάλινο μπολ ανακατεύουμε όλα τα υλικά.
b) Ψύξτε μέχρι να είναι έτοιμο για χρήση.
c) Εάν αποθηκευτεί σωστά, θα διατηρηθεί έως και 2 ημέρες.

88. Ανανάς-Παπάγια Σάλσα

Φτιάχνει: 3 φλ

ΣΥΣΤΑΤΙΚΑ:
- 2 φλιτζάνια φρέσκο ανανά ψιλοκομμένο
- 1 ώριμη παπάγια, ξεφλουδισμένη, ξεσποριασμένη και κομμένη σε κύβους ¼ ίντσας
- ½ φλιτζάνι ψιλοκομμένο κόκκινο κρεμμύδι
- ¼ φλιτζάνι ψιλοκομμένο φρέσκο κόλιαντρο ή μαϊντανό
- 2 κουταλιές της σούπας φρέσκο χυμό λάιμ
- 1 κουταλάκι του γλυκού ξύδι μηλίτη
- 2 κουταλάκια του γλυκού ζάχαρη
- ¼ κουταλάκι του γλυκού αλάτι
- 1 μικρό ζεστό κόκκινο τσίλι, ξεσποριασμένο και ψιλοκομμένο

ΟΔΗΓΙΕΣ
α) Σε ένα γυάλινο μπολ ανακατεύουμε όλα τα υλικά, ανακατεύουμε καλά, σκεπάζουμε και αφήνουμε στην άκρη σε

θερμοκρασία δωματίου για 30 λεπτά πριν το σερβίρουμε ή στο ψυγείο μέχρι να το χρησιμοποιήσουμε.

b) Αυτή η σάλτσα έχει καλύτερη γεύση αν χρησιμοποιηθεί την ίδια ημέρα παρασκευής, αλλά σωστά αποθηκευμένη, θα διατηρήσει το p για έως και 2 ημέρες.

89. Tomatillo Salsa

Κάνει: 1½ φλιτζάνι

ΣΥΣΤΑΤΙΚΑ:
- 5 ντομάτες, ξεφλουδισμένες και ψιλοκομμένες
- 1/3 φλιτζάνι ψιλοκομμένο γλυκό κίτρινο κρεμμύδι
- 1/3 φλιτζάνι φρέσκο κόλιανδρο ψιλοκομμένο
- 1 μικρό jalapeño, ξεσποριασμένο και ψιλοκομμένο
- 1 κουταλιά της σούπας φρέσκο χυμό λάιμ
- 1 κουταλιά της σούπας ολόκληρη κάπαρη, συν 1 κουταλάκι του γλυκού κιμά
- ½ κουταλάκι του γλυκού αλάτι

ΟΔΗΓΙΕΣ

a) Σε ένα γυάλινο μπολ ανακατεύουμε όλα τα υλικά και ανακατεύουμε καλά.
b) Αφήνουμε στην άκρη για 30 λεπτά πριν σερβίρουμε.

c) Με σωστή αποθήκευση, διατηρείται στο ψυγείο έως και 2 ημέρες.

90. Salsa Verde

Φτιάχνει: 1¼ φλιτζάνι

ΣΥΣΤΑΤΙΚΑ:
- 4 ή 5 ντομάτες, ξεφλουδισμένες και χοντροκομμένες
- 1 μέτριο ασκαλώνιο, χοντροκομμένο
- 1 σκελίδα σκόρδο, ψιλοκομμένη
- 1 σεράνο τσίλι, ξεσποριασμένο και ψιλοκομμένο
- 1¼ φλιτζάνι φρέσκα φύλλα κόλιανδρου
- 1 κουταλιά της σούπας φρέσκο χυμό λάιμ
- Πρέζα ζάχαρη
- ½ κουταλάκι του γλυκού αλάτι
- 1/8 κουταλάκι του γλυκού φρεσκοτριμμένο μαύρο πιπέρι

ΟΔΗΓΙΕΣ
a) Σε έναν επεξεργαστή τροφίμων, ανακατεύουμε τις ντομάτες, το ασκαλώνιο, το σκόρδο, το τσίλι (αν χρησιμοποιείτε), το μαϊντανό και τον κόλιανδρο και τα όσπρια μέχρι να ψιλοκομιστούν.
b) Προσθέστε τα υπόλοιπα υλικά και χτυπήστε μέχρι να αναμειχθούν καλά, αλλά να έχουν χοντρή υφή.

c) Μεταφέρετε σε ένα γυάλινο μπολ, σκεπάστε, και αφήστε το σε θερμοκρασία δωματίου για 30 λεπτά πριν το σερβίρετε ή βάλτε το στο ψυγείο μέχρι να το χρησιμοποιήσετε.
d) Εάν αποθηκευτεί σωστά, θα διατηρηθεί έως και 2 ημέρες.

91. Ψητή κόκκινη σάλσα

Φτιάχνει: 2 φλ

ΣΥΣΤΑΤΙΚΑ:
- 15 ουγγιές ψητές ντομάτες σε κύβους, στραγγισμένες
- 1 σκελίδα σκόρδο, χοντροκομμένη
- ½ φλιτζάνι λευκό κρεμμύδι, χοντροκομμένο
- ¼ φλιτζάνι φρέσκα φύλλα κόλιανδρου
- ½ μέτριο jalapeño, χοντροκομμένο
- 1 κουταλιά της σούπας χυμό λάιμ
- ½ κουταλάκι του γλυκού ψιλό θαλασσινό αλάτι

ΟΔΗΓΙΕΣ:
a) Σε έναν επεξεργαστή τροφίμων, χτυπάμε το σκόρδο για να το ψιλοκόψουμε πιο πολύ.
b) Προσθέστε τις ντομάτες και όλο τον υπόλοιπο χυμό από την κονσέρβα.
c) Προσθέστε το κρεμμύδι, τον κόλιαντρο, το jalapeño, το χυμό λάιμ και το αλάτι.

d) Επεξεργαστείτε το μείγμα μέχρι να γίνει ως επί το πλείστον λείο και να μην μείνουν μεγάλα κομμάτια ντομάτας ή κρεμμυδιού, ξύνοντας τις πλευρές όπως χρειάζεται.
e) Σερβίρετε τη σάλτσα αμέσως ή αποθηκεύστε την για αργότερα.

92. Σάλτσα Ranch Χωρίς λάδι

Φτιάχνει: 2 μερίδες

ΣΥΣΤΑΤΙΚΑ:
- 1 φλιτζάνι ωμά κάσιους, μουλιασμένα όλη τη νύχτα
- 2 κουταλάκια του γλυκού χυμό λεμονιού
- 1 σκελίδα σκόρδο, ξεφλουδισμένη
- ½ κουταλάκι του γλυκού θαλασσινό αλάτι
- 1 πρέζα μαύρο πιπέρι
- ¼ κουταλάκι του γλυκού κρεμμύδι σε σκόνη
- 1 ¼ κουταλάκι του γλυκού μηλόξυδο
- 1 κουταλάκι του γλυκού σιρόπι σφενδάμου
- 1 κουταλιά της σούπας φρέσκο κιμά άνηθο

ΟΔΗΓΙΕΣ
α) Μουλιάζουμε τα κάσιους σε πολύ ζεστό νερό για 30 λεπτά ή όλη τη νύχτα.

b) Στραγγίζετε και ξεπλένετε τα κάσιους αρκετές φορές.
c) Μεταφέρετε στο μπλέντερ και προσθέστε σκόρδο, αλάτι, πιπέρι, σκόνη κρεμμυδιού, χυμό λεμονιού, ξύδι και σιρόπι σφενδάμου.
d) Ανακατεύουμε σε υψηλή θερμοκρασία για 2 λεπτά ή μέχρι να γίνει πολύ κρεμώδες και λείο.
e) Προσθέστε τον άνηθο και χτυπήστε πολλές φορές για να ενσωματωθεί.
f) Χρησιμοποιήστε το αμέσως ή βάλτε το στο ψυγείο για 3-4 ώρες για να παγώσει.

ΕΠΙΔΟΡΠΙΟ

93. Bake d Oat s Brûlée

Κάνει: 6 μερίδες

ΣΥΣΤΑΤΙΚΑ:
- 3 ¼ κούπες φυτικό γάλα χωρίς λιπαρά
- 2 φλιτζάνια τυλιγμένη βρώμη
- 1 κουταλάκι του γλυκού εκχύλισμα βανίλιας
- 1 κουταλάκι του γλυκού κανέλα
- 1 φλιτζάνι σμέουρα ή μούρα της επιλογής σας
- 2 κουταλιές της σούπας καρύδια, ψιλοκομμένα
- 2 κουταλιές της σούπας καστανή ζάχαρη

ΟΔΗΓΙΕΣ:
a) Προθερμαίνουμε τον φούρνο στους 350°F και στρώνουμε τα μάφιν .
b) Βάλτε το φυτικό γάλα να σιγοβράσει σε μια κατσαρόλα.
c) Ανακατεύουμε με βρώμη και σκεπάζουμε για 5 λεπτά .

d) Προσθέστε τη βανίλια και την κανέλα και ανακατέψτε να ενωθούν.
e) Γεμίστε κάθε φλιτζάνι για muffin μέχρι τη μέση με πλιγούρι βρώμης.
f) Ψύξτε για 20 λεπτά.
g) Γεμίστε κάθε φλιτζάνι βρώμης με μούρα, καρύδια (αν χρησιμοποιείτε) και καστανή ζάχαρη.
h) Ψήνουμε μέχρι να ροδίσουν, περίπου 1 λεπτό.

94. Ξανθό κέικ φρούτων

Κάνει: 20 μερίδες

ΣΥΣΤΑΤΙΚΑ:
- 1 κιλό Γλασαρισμένος ανανάς
- ¾ κιλά Βερίκοκα, αποξηραμένα
- ½ κιλά ροδάκινα, αποξηραμένα
- ¼ φλιτζάνι Αλεύρι
- 1 φλιτζάνι Ζάχαρη
- ½ κουταλάκι του γλυκού Μπέικιν πάουντερ
- 1 ½ φλιτζάνι Αλεύρι
- 1 φλιτζάνι σάλτσα μήλου
- 1 φλιτζάνι ασπράδια αυγών
- 1 κουταλιά της σούπας Βανίλια
- 1 κουταλιά της σούπας εκχύλισμα λεμονιού
- λικέρ πορτοκάλι

ΟΔΗΓΙΕΣ:

a) Κόβουμε τον ανανά, τα βερίκοκα και τα ροδάκινα σε κύβους ½" και τα ανακατεύουμε σε μεγάλο μπολ. Προσθέτουμε το αλεύρι, ανακατεύοντας τα φρούτα. Σε ξεχωριστό μπολ κοσκινίζουμε τη ζάχαρη, το μπέικιν πάουντερ και το αλεύρι.

b) Προθερμαίνουμε τον φούρνο στους 250.

c) Σε μικρό μπολ ανακατεύουμε τη σάλτσα μήλου, τα ασπράδια αυγών, τη βανίλια και το εκχύλισμα λεμονιού. Ανακατεύουμε σε μείγμα αποξηραμένων φρούτων. Προσθέστε το μείγμα του αλευριού, ανακατεύοντας μέχρι να ομογενοποιηθεί.

d) Ρίξτε το κουρκούτι με το κουτάλι σε ταψί σωληναρίων 9 ιντσών, ψεκασμένο ελαφρά με αντικολλητικό μαγειρικό σπρέι.

e) Ψήνουμε 3 ώρες. Αφήνουμε το κέικ να κρυώσει σε ταψί στη σχάρα.

f) Αφαιρέστε από το τηγάνι. Μουλιάστε καθαρό τυρόπανο σε λικέρ πορτοκαλιού. Τυλίξτε κέικ.

g) Φυλάσσετε σε σκεπασμένο δοχείο στο ψυγείο για ένα μήνα ή περισσότερο πριν το σερβίρετε, προσθέτοντας περιστασιακά περισσότερο λικέρ στο κέικ.

95. Πουτίγκα Chia

Κάνει: 2

ΣΥΣΤΑΤΙΚΑ:
- 4 κουταλιές της σούπας σπόροι chia
- 1 φλιτζάνι γάλα καρύδας χωρίς ζάχαρη
- ½ φλιτζάνι σμέουρα

ΟΔΗΓΙΕΣ:
a) Προσθέστε το βατόμουρο και το γάλα καρύδας στο μπλέντερ και ανακατέψτε μέχρι να ομογενοποιηθούν.
b) Ρίξτε το μείγμα στο γυάλινο βάζο.
c) Προσθέστε τους σπόρους chia σε ένα βάζο και ανακατέψτε καλά.
d) Κλείστε το βάζο με ένα καπάκι και ανακινήστε καλά και τοποθετήστε το στο ψυγείο για 3 ώρες.
e) Σερβίρουμε παγωμένο και απολαμβάνουμε.

96. Πουτίγκα λάιμ-αβοκάντο

Κάνει: 9

ΣΥΣΤΑΤΙΚΑ:
● 2 ώριμα αβοκάντο, χωρίς τα κουκούτσια και κομμένα σε κομμάτια
● 1 κουταλιά της σούπας φρέσκο χυμό λάιμ
● 14 ουγκιές κονσέρβα γάλα καρύδας
● 2 κουταλάκια του γλυκού υγρή στέβια
● 2 κουταλάκια του γλυκού βανίλια

ΟΔΗΓΙΕΣ:
a) Ενσωματώνουμε όλα τα υλικά και ανακατεύουμε μέχρι να ομογενοποιηθούν.
b) Σερβίρισμα.

97. Κέικ καρότου

Κάνει: 16 μερίδες

ΣΥΣΤΑΤΙΚΑ:
- 3 φλιτζάνια αλεύρι για κέικ χωρίς κοσκινισμένο
- 2 κουταλάκια του γλυκού Μπέικιν πάουντερ
- 1 κουταλάκι του γλυκού τριμμένη κανέλα
- 1 κουταλάκι του γλυκού αλεσμένο μοσχοκάρυδο
- ½ κουταλάκι του γλυκού Αλάτι
- 1 κουτί (16 oz.) μισά αχλάδια Bartlett σε χυμό χωρίς ζάχαρη
- 1¼ φλιτζάνι ζάχαρη ανοιχτή καστανή σφιχτή συσκευασμένη
- 3 μεγάλα ασπράδια αυγών
- 1 κουταλιά της σούπας ψιλοτριμμένη φλούδα πορτοκαλιού
- 3 κουταλιές της σούπας χυμό πορτοκαλιού
- 2 φλιτζάνια καρότα χοντροκομμένα
- 1 φλιτζάνι ψιλοκομμένες φρέσκες φράουλες
- 1 κουταλάκι του γλυκού ζάχαρη ζαχαροπλαστικής
- Κορυφές καρότου

ΟΔΗΓΙΕΣ:

h) Σε μεγάλο μπολ, συνδυάστε το αλεύρι, το μπέικιν πάουντερ, τη σόδα, την κανέλα, το μοσχοκάρυδο και το αλάτι. αφήνω στην άκρη. Στραγγίστε τα αχλάδια, κρατώντας το χυμό για άλλη χρήση. Σε επεξεργαστή τροφίμων με λεπίδα κοπής, επεξεργαστείτε τα αχλάδια μέχρι να ομογενοποιηθούν. αφήνω στην άκρη.

i) Προθερμάνετε το φούρνο στους 350 βαθμούς F.

j) Λιπάνετε γενναιόδωρα ένα διακοσμητικό ταψί από σωλήνα 9 ιντσών. Σε μεγάλο μπολ, με ηλεκτρικό μίξερ σε μέτρια ταχύτητα, χτυπήστε τον πουρέ αχλαδιού, την καστανή ζάχαρη και τα ασπράδια αυγών μέχρι να αναμειχθούν καλά, ξύνοντας το μπολ περιστασιακά με λαστιχένια σπάτουλα.

k) Μειώστε την ταχύτητα του μίξερ σε χαμηλή ταχύτητα. χτυπήστε το μείγμα με το αλεύρι, τη φλούδα πορτοκαλιού και το χυμό μέχρι να υγρανθεί το μείγμα του αλευριού. Μην υπερνικήσετε. Με λαστιχένια σπάτουλα, διπλώνουμε τα καρότα και τις φράουλες μέχρι να ανακατευτούν καλά.

l) Ρίξτε σε έτοιμο ταψί.

m) Ψήστε για 45 έως 55 λεπτά ή έως ότου ο ελεγκτής κέικ που έχει τοποθετηθεί στο κέντρο βγαίνει καθαρός. Ψύξτε το κέικ σε ταψί στη σχάρα για 10 λεπτά. Αναποδογυρίστε το κέικ σε σχάρα και αφαιρέστε το ταψί. δροσερό κέικ εντελώς.

n) Λίγο πριν το σερβίρετε, μεταφέρετε το κέικ στο πιάτο σερβιρίσματος. Βάζουμε τη ζάχαρη ζαχαροπλαστικής σε ένα μικρό σουρωτήρι και κοσκινίζουμε πάνω από το κέικ.

o) Γαρνίρετε το πιάτο με κορυφές καρότου, αν θέλετε.

98. Cranberry Apple Sobert

Κάνει: 4 μερίδες

ΣΥΣΤΑΤΙΚΑ:
- 2 μήλα Golden Delicious,
- Ξεφλουδισμένο,
- Πυρήνα, και χοντροκομμένο
- 2 φλιτζάνια χυμό κράνμπερι

ΟΔΗΓΙΕΣ:
a) Σε μεσαίου μεγέθους κατσαρόλα, συνδυάστε τα μήλα και το χυμό. Ζεσταίνουμε μέχρι να βράσει.
b) Χαμηλώνουμε τη φωτιά για να σιγοβράσει, σκεπάζουμε και μαγειρεύουμε για 20 λεπτά ή μέχρι τα μήλα να μαλακώσουν πολύ.
c) Ξεσκεπάζουμε και αφήνουμε στην άκρη να κρυώσει σε θερμοκρασία δωματίου.
d) Στον επεξεργαστή τροφίμων ή στο μπλέντερ, πολτοποιήστε το μήλο και το χυμό μέχρι να ομογενοποιηθούν.

e) Ρίξτε στην παγωτομηχανή και επεξεργαστείτε σε σορμπέ ακολουθώντας τις οδηγίες του κατασκευαστή. (πηγαίνετε στο 9.) Ή 6. Αν δεν χρησιμοποιείτε παγωτομηχανή , ρίξτε τον πουρέ σε ένα τετράγωνο ταψί 9 ιντσών . Σκεπάστε και παγώστε μέχρι να παγώσει μερικώς - περίπου 2 ώρες.

f) Εν τω μεταξύ, κρυώστε ένα μεγάλο μπολ και χτυπήστε ένα ηλεκτρικό μίξερ.

g) Τοποθετήστε τον πουρέ σε παγωμένο μπολ και χτυπήστε σε χαμηλή ταχύτητα μέχρι να σπάσουν τα κομμάτια και μετά χτυπήστε σε δυνατή ταχύτητα μέχρι να γίνει λείος και αφράτος -- περίπου 1 λεπτό.

h) Συσκευάστε το σορμπέ σε ένα δοχείο κατάψυξης και παγώστε αρκετές ώρες πριν το σερβίρετε.

99. Φοντάν χωρίς λίπος

Κάνει: 64 Μερίδες

ΣΥΣΤΑΤΙΚΑ:
- 3 φλιτζάνια Ζάχαρη
- ⅔ φλιτζάνι Κακάο με χαμηλά λιπαρά
- 1½ φλιτζάνι αποβουτυρωμένο γάλα εβαπορέ
- ¼ φλιτζάνι πασπαλίζουμε
- ½ κουταλάκι του γλυκού εκχύλισμα βανίλιας
- ½ κουταλάκι του γλυκού εκχύλισμα αμυγδάλου

ΟΔΗΓΙΕΣ:
a) Φέρτε τη ζάχαρη, το κακάο και το γάλα σε πλήρη βράση - ανακατεύοντας συνεχώς.
b) Μόλις φτάσετε - σταματήστε το ανακάτεμα - χρησιμοποιήστε θερμόμετρο καραμέλας για να φτάσετε στο στάδιο της μαλακής μπάλας - 234 F.

c) Αποσύρουμε από τη φωτιά, ρίχνουμε από πάνω πασπαλίζουμε και εκχυλίσματα. Μην ανακατεύετε.
d) Το L και η θερμοκρασία πέφτει στους 110 F.
e) Χτυπήστε καλά μέχρι να χάσει τη γυαλάδα.
f) Δουλέψτε γρήγορα για να απλωθεί σε ταψί 8 ή 9". Ψύξτε και κόψτε.

100. Κέικ τζίντζερ χωρίς λιπαρά

Φτιάχνει: 1 μερίδα

ΣΥΣΤΑΤΙΚΑ:
- ⅔ φλιτζάνι αλεύρι για όλες τις χρήσεις
- ⅓ φλιτζάνι Αλεύρι ολικής αλέσεως
- ¼ φλιτζάνι άμυλο καλαμποκιού
- 1 ½ κουταλάκι του γλυκού Μπέικιν πάουντερ
- 1 κουταλάκι του γλυκού τριμμένο φρέσκο τζίντζερ
- 1 κουταλάκι του γλυκού τριμμένο τζίντζερ
- ½ κουταλάκι του γλυκού αλεσμένη κανέλα
- ½ κουταλάκι του γλυκού Αλάτι
- 1 φλιτζάνι Ζάχαρη
- ⅔ φλιτζάνι άπαχο γάλα
- 2 ασπράδια αυγών
- ⅓ φλιτζάνι Σκούρο ή ανοιχτόχρωμο σιρόπι καλαμποκιού
- 1 κουταλάκι του γλυκού εκχύλισμα βανίλιας
- Φρέσκα σμέουρα

ΟΔΗΓΙΕΣ:

a) Προθερμαίνουμε το φούρνο στους 350 βαθμούς. Ψεκάστε τετράγωνο ταψί 9 ιντσών με σπρέι μαγειρικής λαχανικών. Σε μεγάλο μπολ, ανακατέψτε μαζί το αλεύρι για όλες τις χρήσεις, το αλεύρι ολικής αλέσεως, το καλαμποκάλευρο, το μπέικιν πάουντερ, το φρέσκο τζίντζερ, αν θέλετε, το αλεσμένο τζίντζερ, την κανέλα και το αλάτι.

b) Σε μεσαίο μπολ, με σύρμα, ανακατεύουμε τη ζάχαρη και το γάλα.

c) Προσθέστε ασπράδια αυγών, σιρόπι καλαμποκιού και βανίλια. χτυπάμε με το σύρμα μέχρι να ομογενοποιηθούν.

d) Προσθέστε σταδιακά το υγρό μείγμα στο μείγμα του αλευριού, ανακατεύοντας με το σύρμα μέχρι να ομογενοποιηθεί. Ρίξτε το κουρκούτι σε έτοιμο ταψί. Ψήστε για 30 λεπτά ή έως ότου η ξύλινη λαβή που εισάγεται στο κέντρο να βγαίνει καθαρή. Ψύξη 5 λεπτά. αφαιρέστε από το τηγάνι στη σχάρα.

e) Ψύξτε τελείως. Σερβίρουμε με σμέουρα, αν θέλουμε.

f) Γαρνίρουμε κατά βούληση.

ΣΥΜΠΕΡΑΣΜΑ

Συνολικά, το μαγείρεμα με λάδι τείνει να είναι ανθυγιεινό. Ενώ μπορεί να βοηθήσει στην προσθήκη επιθυμητών γεύσεων και υφών σε ορισμένα πιάτα, δεν προσφέρει κανένα όφελος για την υγεία. Περισσότερο από οτιδήποτε άλλο, προσθέτει σημαντική ποσότητα λίπους, αλατιού και θερμίδων στα γεύματα, τα οποία μπορεί να αυξήσουν τα επίπεδα σακχάρου στο αίμα και να περιπλέξουν τη διαδικασία της πέψης.

Ωστόσο, εάν σκοπεύετε να κάνετε οποιεσδήποτε δραστικές αλλαγές διατροφής με λάδι - ή οποιαδήποτε άλλη τροφή για αυτό το θέμα - είναι απαραίτητο να συμβουλευτείτε το γιατρό σας. Όταν οι δίαιτες ή τα προγράμματα φυσικής κατάστασης απαιτούν από εσάς να κόψετε ορισμένες τροφές, θα πρέπει να μιλήσετε με το γιατρό σας για να βεβαιωθείτε ότι είστε στο σωστό δρόμο και προστατεύετε τη συνολική υγεία σας. Ο γιατρός σας μπορεί επίσης να σας ενημερώσει για τυχόν ανεπιθύμητες ενέργειες που σχετίζονται με την αποκοπή ορισμένων τροφών από τη διατροφή σας.

CPSIA information can be obtained
at www.ICGtesting.com
Printed in the USA
LVHW081922220323
742311LV00009B/677